站在巨人的肩上
Standing on Shoulders of Giants

TURING
图灵教育

iTuring.cn

站在巨人的肩上

Standing on Shoulders of Giants

TURING

图灵教育

iTuring.cn

未来的截面

比特币·可穿戴设备·物联网
3D打印·虚拟现实·无人机·无线通信

【韩】李在永 著
武传海 译

人民邮电出版社
北京

图书在版编目（CIP）数据

未来的截面 /（韩）李在永著；武传海译．-- 北京：人民邮电出版社，2016.9

ISBN 978-7-115-43527-9

Ⅰ．①未… Ⅱ．①李… ②武… Ⅲ．①信息技术－介绍 Ⅳ．①G202

中国版本图书馆CIP数据核字（2016）第219907号

内 容 提 要

本书讲解了改变未来的7种IT技术的科学原理：比特币的核心算法、可穿戴设备的电池技术、众说纷纭的虚拟现实的局限、最近成为热议话题的物联网的概念、由来已久的3D打印技术的新应用趋势、无人机的飞行原理、拥有无限可能性的无线通信技术原理等，读者不需任何软件知识也能轻松掌握新技术的未来发展动向。

◆ 著　　[韩] 李在永

译　　武传海

责任编辑　陈　曦

责任印制　彭志环

◆ 人民邮电出版社出版发行　　北京市丰台区成寿寺路11号

邮编　100164　　电子邮件　315@ptpress.com.cn

网址　http://www.ptpress.com.cn

三河市海波印务有限公司印刷

◆ 开本：880×1230　1/32

印张：7.5

字数：159千字　　　　2016年9月第1版

印数：1－3 000册　　　2016年9月河北第1次印刷

著作权合同登记号　图字：01-2015-1714 号

定价：39.00元

读者服务热线：(010)51095186转600　印装质量热线：(010)81055316

反盗版热线：(010)81055315

广告经营许可证：京东工商广字第8052号

版权声明

This book is published with the support of Publication Industry Promotion Agency of Korea (KPIPA).

前言

IT 领域的新技术、新产品层出不穷。我是 IT 工程师，经常会因为工作需要和个人兴趣而查看新闻，对出现的新技术非常关注。最近，我发现并非只有我们这些工程师才有这种好奇心。

人们在地铁内或家里经常看到各种新闻，并针对其中的一些话题展开议论。对于有趣的或能够体现潮流的新闻，多家媒体都会做大量类似报道。看到这些新闻，人们就会议论纷纷："听说用 3D 打印机制造出了枪支，世界真是可怕啊！""全息设备怎么还没问世呢？"但是人们的议论也仅限于此，只是围绕一些经常听到的新闻展开，而不会在技术方面有更深入的探讨。

当然，也有人会觉得反正自己不是工程师，没有必要了解得那么深入。但我认为，对于那些以后经常会在新闻中看到、听到的技术，如果能稍微深入地了解一下，应该会在很多地方用得到。

深入了解了这些技术，创业型人士可以从技术层为消费者介绍在售商品的优缺点，高管人士能够开创新事业并思考如何将这些新技术应用于当前服务，而学生们则可以将学到的知识与以后要学的技术结合起来。

用比特币购买 CD

无人机坠毁

可穿戴设备是大势所趋

物联网是一颗冉冉升起的市场新星

上面列举的这些内容都是人们在网络上或新闻中耳熟能详的话题。经常一觉醒来就出现大量新词汇、新技术以及新市场，还没来得及搞清楚是什么，就又不断涌来大量新鲜事物。在这些层出不穷的新鲜事物面前，有些人因担心落后于时代而不安，而另一些人则干脆选择对这些新技术、新产品视而不见。

通常所说的“新技术”指的是它比之前的技术能够发挥更好的性能，或者可以将这项新技术应用到其他地方。也就是说，未来技术是在现有技术的基础上发展而来的。因此，我们有必要了解现有技术的工作原理及其结构。虽然目前的 IT 技术五花八门，但只要从技术的主脉络入手，就会知道哪些技术对人类社会有用，哪些技术对我们自己有用。我认为本书就像一个指南针，能够帮助各位在技术的洪流中把握方向，不至于迷失在技术的汪洋大海中。

下面介绍各章主要内容。

第 1 章　货币走向何方?

虽然人们都不希望自己的生活被金钱所束缚，但也不会讨厌金钱。

如今，我们经常用电脑、银行卡、智能手机进行结算，所以触摸现金的机会也不多，“金钱”通常只以数据形式存在于电脑之中。这种没有实物形式但可以用于购买实际物品的货币称为“虚拟货币”，那么，可以在银行进行交易的虚拟货币与其他虚拟货币有什么区别？为什么使用虚拟货币的人越来越多？这一章将对这些问题进行详细讲解。众多虚拟货币中，最常用的是比特币，这一章也将介绍比特币的概念和交易原理。

第 2 章　可穿戴时代

我们经常从报纸或新闻中得知“最新可穿戴设备面世”“大型企业推出智能手表”等报道，然而令人奇怪的是，在我们周围很难看到可穿戴设备，甚至很难进行间接体验。很多人会好奇可穿戴设备究竟是什么，它们到底如何帮助我们维持健康。为此，我在书中添加了一些自己的体会。我亲自使用健康护理方面的可穿戴设备，并将自己的使用体会与各位分享。这一章还介绍了可穿戴设备的种类和使用可穿戴设备的必要性等，此外还介绍了电池技术——制造可穿戴设备必需的一项技术。

第 3 章　视觉感知如何进化？

虚拟现实虽然并不真实，但如现实世界一样可以被看到、听到、感受到。为了解释其中原理，这一章先从人类如何进行视听开始讲起。虚拟现实由来已久，但目前还无法实现电影中的那些虚拟现实技术，这一章将重点讲解其原因以及虚拟现实技术当前发展程度。

第 4 章　万物互联时代

随着智能手机市场日趋饱和，手机厂商开始努力开拓其他市场，最终的落脚点就是物联网。原因与销量有关，与智能手机相比，物联网需要更多设备，所以设备的销量非常大。比较典型的例子就是谷歌正在着手为物联网时代做准备，曾在硬件市场上表现乏力的谷歌是从收购 Nest Labs 公司开始这盘棋的。因此，这一章将详细讲解 Nest Labs 公司生产的产品及其使用方法。

第 5 章　3D 打印时代

3D 打印技术由来已久，但之前只在特殊工业一线使用。最近，3D 打印技术又成为热门话题，因为其专利已经到期，市面上出现了许多 3D 打印机。3D 打印机采用物品打印原理，使用多种材料制造并打印多种物品。从小零件到玩偶，甚至医疗领域使用的人工下颌，都可以通过 3D 打印机制造出来。这一章主要讲解 3D 打印机的工作原理及其应用，相信这些内容将非常有助于大家了解 3D 打印。

第 6 章　IT 技术改变天空

很多人都对在天空中飞翔感兴趣，都想乘坐飞机在高空欣赏美景。这一章将讲解飞机的飞行原理及其应用的服务领域，还要介绍谷歌、亚马逊、Facebook 等公司采用无人机提供的服务以及可能引发的问题。此外，还要简单介绍军用无人机。与民用无人机相比，军用无人机多用于特殊场合，所以采用的技术大都更令人感兴趣。因此，这一章也将对这些技术以及无人机如何进行自主飞行等问题进行讲解。

第 7 章　无线通信的未来

近来，硬件技术发展迅速，为了满足人们的要求，出现了许多采用无线通信技术的产品。无线通信是看不见、摸不着的，因而难以掌握。但采用无线通信技术的产品以后会越来越多，所以最好对无线通信原理有所了解。这一章将解答无线通信原理、通信公司为何总提到“宽带”以及通信速度为什么越来越快等问题。

本书的每一章分别讲解不同的技术。如果整本书只讲解一项技术，那读起来就会既费劲又无聊。本书介绍了多种技术，读起来可能有些难度。为了使不太了解技术的读者也能读懂书中内容，我在写作时使用了许多示例进行说明，力求使本书通俗易懂。

了解一个时代的技术是理解该时代生活形态与文化的基础。要想了解朝鲜王朝时期，必须先查阅记录当时人们所用技术和生活的相关文章。同样，要了解我们当今的时代，也要先努力掌握当前的发展趋势、使用的技术及其原因等。希望大家带着这样的想法阅读本书。

人们需要满足求知欲时，从网络或电视中也能轻松获取大量有用的信息。但很多人依然选择通过阅读进行学习，有的人学习历史或哲学等人文科学，有的人阅读经营策略、市场营销等相关书籍，还有的人会沉迷于小说。无论出于何种目的，我们仍然通过阅读获得大量知识，满足自己对知识的渴望。

各位平时看新闻或者从身边人那里听说一些新鲜事时，会由此产生许多疑问，我希望本书能够在一定程度上帮助大家解开心中的这些疑问。各位在实际生活中遇到一些技术时，如果能够通过本书获得一些帮助，我将甚感欣慰。

李在永

2014 年 8 月

目录

第 1 章

货币走向何方？

- 01 谁创造了货币？
- 02 虚拟货币与实物货币
- 03 比特币交易与挖掘

⓪① 谁创造了货币?

货币起源

虽说金钱不是万能的，但也没人会讨厌它。有钱就可以尽情享受美食、随心所欲地购买想要的东西，也可以和家人一起去旅行。因此，人人都在努力赚钱，积聚财富。然而不同的人对金钱的欲望程度各不相同，有些人希望“多多益善”，而有些人则安贫乐道。

▲货币的基本功能是用于交换物品或换取服务

货币的基本功能是用于交换商品或换取服务。因此，我们向别人支付对方期待的价值时，对方就会给我们想要的商品。

据史书记载，货币出现以前，人们通过物物交换获得各自想要的商品。比如菜农要想获得粮食，必须用自己种植的蔬菜与粮农进行交换。同样，饲养猪牛的人要想吃鱼，也必须与渔夫交换彼此所需的东西。

然而，进行物物交换时，交换者必须随身携带自己拥有的东西，十分不便，而且交易也不一定能够成功。为此，需要寻找一种具有价值的替代物品。最终，人们开始使用一些不容易获取的物品作为中间媒介，货币由此而生。

▲货币起源于为达成交易所使用的有价值的物品

当时，每个国家和地区使用的货币各不相同，因为各地不容易获取的物品都不一样，而不容易获取的物品才有价值，才能用作货币。因此，生活在陆地上的人们将能够调味的盐用作交换媒介，有时也使用谷物。后来，人们将金或银加工成无法伪造的形状，并用于交易。之后，人们迎来了使用纸币或硬币这类纸质或金属货币的时代。现在，我们正处于一个从纸币和硬币向虚拟货币过渡的时期。与使用实物货币相比，人们正在更多地使用信用卡、智能手机或线上结算系统进行交易。

如前所述，货币的价值在于其不易获取的特性。但当今社会使用的纸币或硬币都由政府发行，非常容易制作。那么，为了保持其价值，政府必须实施管制，使其不容易获取。因此，政府一直在努力调整货币流通量，并对伪造货币的行为进行强有力的打击。

政府调整货币流通量的行为十分有助于保障所有人的利益，下面举例说明。

假设在星巴克咖啡厅喝一杯咖啡要花 100 g 黄金，而在其竞争对手安琦丽诺咖啡厅（Angel-in-us，韩国知名咖啡店品牌）喝一杯咖啡只需 90 g 黄金，那么更多的人都会选择后者。因为每个人都不想把自己辛苦赚来的黄金白白浪费掉，都想去更便宜的地方消费。此外，为了节省支出，“星巴克”与“安琦丽诺”都在积极购买更便宜的原材料，并且尽量减少对外提供的服务。与此同时，原材料销售商也在努力扩大生产，尽可能减少人力成本。

黄金这样不断流通确实能够给人们带来便利，但假设此时突然发现一座金矿，且能够出产大量黄金。如果将这些黄金全部分配给咖啡生产环节中的人，情况会怎么样呢？黄金增多后，原来种植咖啡能够赚 50 g 黄金的人就不想再工作了。要使他们开始工作，则必须支付 100 g 黄金。这样一来，咖啡店里原来卖 90 g 黄金或 100 g 黄金的咖啡也只能上调价格。现在，消费者必须支付 150 g 黄金才能喝到咖啡。

如果将容易获取的物品用作货币，就会引发方方面面的问题。因此，政府要加强货币管理，使其价值不会轻易发生变化。下面进一步讲解货币。

货币流转要顺畅

货币流转必须顺畅，只有这样才能彼此获益。比如，普通人生产咖啡，咖啡店买进咖啡并提供服务，普通人再从咖啡店买咖啡。

咖啡店买进咖啡再售出的过程中，货币发生流转。若咖啡店以非常低的价格买进咖啡，然后以高价销售给消费者，则货币只会不断地向咖啡店积聚。这样一来，由于咖啡售价较低，种植业主所能支付的人力雇用费也随之降低。最后，这些被雇用的人力成为消费者时，由于获取的报酬变少，那么去咖啡店购买的咖啡就会减少。

如果这样的恶性循环不断持续，咖啡店的销量就会减少。这样一来，咖啡种植者的咖啡就会滞销，随之就会减少种植的人手，结果就会导致如图所示的循环发生问题。

▲政府适当调控以使货币流转顺畅，保障各方利益

循环出现问题时，政府应当出面调控。比如为咖啡生产提供必要的资金与人力支持，或者当咖啡店没有以合理的价格向种植者收购咖啡时，向其课以重税或施加法律制裁。如此一来，循环又可以正常运转，消费者、咖啡店以及咖啡种植者三方的关系得以顺利发展。各国政府像这样负责执行调整循环的工作，诸多调控方法中，最简单的做法就是管理和印制货币。

那么，政府是如何管理货币的呢？有些读者可能很想弄清这个问题，为此，我们必须先了解“利率”。

韩国的利率由韩国央行货币政策委员会确定。大家可能经常从新闻中听到“利率冻结为 X.XX%”“利率升了”“利率降了”等消息，此处所说的“利率”是指银行从国家借款时支付的“利息”。因此，“低利率”是指利息较低，这意味着银行能够以较低的利率向国家借款。如果能够以较低的利率从国家借到钱，那么银行也可以以较低的利率将钱借给企业或个人。这样一来，企业的投资也会增长。由于企业能够以较低的利息借到钱，所以它们会努力通过扩大投资以赚取更多的钱。随之，股价就会上涨。由于个人也能以较低的利息借到钱，人们就可以买房或进行个人投资。这样，货币就会大量流入市场，从而刺激消费。

然而，刺激消费后可能产生商品短缺的情形，并由此引发原材料不足的问题。最终，原材料价格上涨，进而引起商品销售价格上涨，这也就是物价上涨的原因。因此，降低利率一方面可以拉动企业投资，搞活经济；另一方面也会导致物价上涨。

反之，提高利率将拉高银行贷款利息，这会导致企业缩减投资规模，并使消费萎靡不振。这样一来，股价自然下挫，市场中的货币流通不畅，商品销售受阻，进而导致企业降价销售，最终使物价下跌。

基准利率与房屋抵押贷款利率（单位：%）

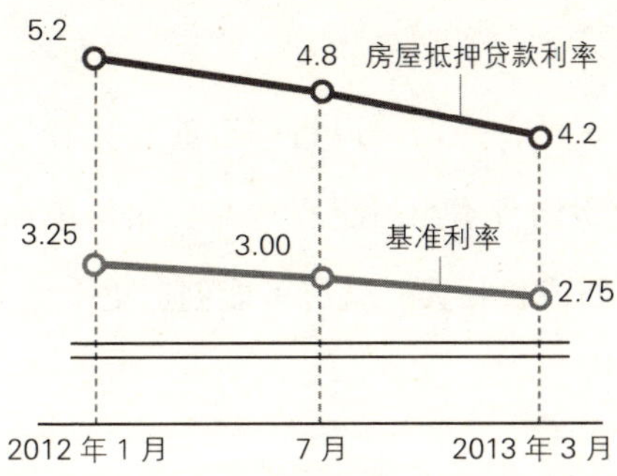

出处：韩国银行 / 住宅金融公司

▲资料显示，政府调整利率时，银行利息也会随之调整

政府只通过调整利率就能调整货币流通，但不能认为货币一定会像这样流转。前面讲解的内容基本是正确的，但货币并非只在韩国使用，也要与世界上的其他国家进行交换。

比如，利率上调时利息增加，只要到银行存钱，普通人就能获得较高的利息。因此，相比于消费，人们更倾向于把钱存入银行。外国人也这样想。利率上浮使银行支付的利息增加时，外国人就会兑换本国货币并存入韩国银行，以期获得更高的利息。这最终会导致汇率[①]上升。

以韩国与日本为例。韩国利率上升时，日本人就会想要将持有的日元兑换为韩元，并存到韩国银行。如此一来，想兑换韩元的日本人越来越多，取款的人也越来越多。但在外国可兑换的韩元总量并没有那么多，所以人们很难兑换到韩元，并且要花费比之前更多的日元才能兑换到韩元，这样就会产生韩元汇率走高的趋势。

韩元汇率走高时，只需花一点韩元即可轻松兑换日元。这样一来，人们就能比较容易地购买到从日本进口的产品，并且价格低廉。反之，韩元走低时，人们需要花费更多韩元才能兑换到日元，这会出现怎样的状况呢？

由于韩元汇率走低，人们可以将持有的日元轻松兑换为韩元，出口企业可以较低价格向日本出口更多产品。出口增加使企业产品销量激增，企业就会不断成长壮大，就有可能创造更多就业岗位。

---

① 汇率：一国货币兑换为另一国货币时采用的比率，汇率高则表示兑换为本国货币时需要花费更多他国货币。

如此看来，政府管理货币并非易事。虽然政府出台了许多政策，说了很多“漂亮话”，但并非都能落实。因为如果只调整利率，物价可能无法按照预期进行变动，也无法获知其他国家的情形如何变化。因此，本书只讲解基本常识，接下来对人们非常关心的虚拟货币进行详细讲解。

货币的未来

之前讲解的货币都由政府管理，所谓“货币”就是商品交换中表示商品价值的东西。货币由政府管理，所以总能保障随时可以用货币购买商品。只有这样，人们才愿意使用货币，企业也才愿意为消费者提供所需的商品和服务。

为了维护这份信任，政府必须对货币进行监管，严厉打击伪造货币的行为，并且提供旧币换新币的服务。但是，人们直接用手触摸纸币或硬币的机会好像越来越少了。

因为现在人们更经常使用信用卡或在线收支功能进行结算。这样一来，货币逐渐失去实物形式，而以一种虚拟形式存在。由于货币在线上只以数据形式存在，所以将其称为“电子货币”或“虚拟货币”。

▲近来人们很少直接使用现金，而经常使用仅以数据形式存在的虚拟货币

虚拟货币也是一种货币，所以它必须能够像实物货币一样购买商品，或者能够被兑换为纸币或硬币等实物货币。此时，为了进行交换，必须有人做担保，就像使用政府制造的实物货币一样。因此，政府只允许银行使用虚拟货币，以为交换进行担保。除此之外，任何人不得发行虚拟货币。

我们最近经常从新闻中听到有关比特币（Bitcoin）等虚拟货币的消息，其概念类似于前面讲解的银行发行的虚拟货币，但它不由政府管理，也没有为其担保的银行。因此，如果有人使用比特币购买商品则可能被拒绝，而且比特币也无法兑换为实物货币。既然如此，为什么人们还要谈论比特币并在新闻中报道呢？

作为货币中的一种，虚拟货币近来成为热点。除比特币之外，许多国家和企业也在不断进行其他虚拟货币的尝试，只是比特币最有名而已。事实上，这些虚拟货币目前仍处于测试阶段。因此，如前所述，我们可能无法使用比特币进行商品交易，也无法将其兑换为实物货币。即便如此，越来越多的人开始愿意接受比特币交易，也有许多企业愿意为比特币兑换实物货币提供担保。

人们此前尝试的所有虚拟货币都无政府担保，且不受政府管理，所以存在许多不稳定因素，可以说全都失败了。但比特币与这些虚拟货币不同，它正得到越来越多人的信任。从目前全世界范围的使用情况看，很多人坚信虚拟货币会不断扩散，只是不知道会持续到什么时候。也许正因如此，许多风投公司才会对虚拟货币表现出极大的兴趣。

许多人认为虚拟货币会让我们的生活发生很大变化，我们必须了解虚拟货币是什么，它与实物货币又有着怎样的关系。众多虚拟货币中最有名的是比特币，如果能掌握其运作方式，那么出现新的虚拟货币时，也能很快举一反三。下一节将讲解这方面的内容。

② 虚拟货币与实物货币

虚拟货币

相信各位的钱包中肯定有一两张用于支付的银行卡。近来，越来越多的人开始网上购物；即使进行线下购物，也大多使用信用卡或借记卡。因此，人们直接使用现金的机会越来越少了。

各位认真回想一下就会发现，我们在实际支付过程中很少使用现金，甚至很少看到纸币的影子。我亦是如此，从早上上班到下班回家，别说纸币，就连钱包都不怎么打开。

刷公交卡根本不用打开钱包，吃饭或者喝咖啡可以使用手机支付，或者像刷交通卡一样不用打开钱包就直接刷卡[①]。就算到了每个月最让人期待的发工资的日子，也只会收到银行发来的信息，告知工资已经到账。但令人遗憾的是，各种账单到得更早，所以钱很快又被转走了。

① 最近出现的信用卡也可以像交通卡一样借助 RFID 技术进行结算。

*** 交通卡里的秘密**

交通卡中采用了 NFC（Near Field Communication，近场通信）或 RFID（Radio Frequency Identification，射频识别）技术，借助这两项技术可以在短距离内采用无线方式收发简单数据，所以又称“近距离无线通信”。

由于无线通信技术可以在不使用有线连接的情形下实现数据收发，所以即使不打开钱包，只要将其靠近公交卡终端机，钱包内的公交卡就能与终端机进行通信。因此，只要将采用 NFC 或 RFID 技术的公交卡、信用卡或智能手机靠近终端机，即使不将其从钱包中拿出来，也能进行交易结算。

那么，刚才所讲的“不用触摸即可使用”的货币与新闻报道的比特币这类虚拟货币有何关系呢?

前面所说的用于银行存取款及支付的信用卡或借记卡也是虚拟货币的一种形式，不同的是，它们通过银行等政府指定的企业流通，由政府提供担保。无论何时，用户都可以将之兑换为实物货币。

然而，对于比特币这类虚拟货币，政府尚不认可，且不为其兑换为实物货币提供担保。因此，为了区分上述两种虚拟货币，有人将前一种政府认可的称为“电子货币”，将后者称为“虚拟货币”。

迄今为止，比特币是众多虚拟货币中最出名的一种，但它并不是最早的虚拟货币。在其之前就已经存在多种虚拟货币并使用至今，现在也在不断产生新的虚拟货币。

人们最容易接触到的是游戏中的虚拟货币。游戏中需要使用一种货币购买或交易游戏装备，在此需求下就产生了游戏专用的虚拟货币。

为了在游戏中使用虚拟货币，玩家需要花钱向游戏公司购买。然而这些虚拟货币只能在游戏中使用，不能在日常生活中用于购买商品。据说这可能会引起游戏玩家进行幕后交易，但不管怎样，这些虚拟币只能在游戏中使用。

除此之外，Facebook 推出了名为 Credits 的虚拟货币，Kakao Talk 推出了 Choco 虚拟货币，赛我网（Cyworld）推出了名为“红豆”的虚拟货币。但这些虚拟货币都不如比特币名气大，因为它们只能在网络中使用，很难在现实生活中找到使用场合。

要想扩大虚拟货币的使用范围，必须使其可以在日常生活中使用。比特币之所以有名，原因就在于此。许多企业与商店认为比特币安全，愿意使用比特币进行交易，其思想正从“可以使用比特币吗?”转变为“可以使用比特币呢!”。

比特币是最受关注的虚拟货币，自 2009 年面世以来受到越来越多的人喜爱，因为用户可以匿名使用。而且比特币虽然是一种虚拟货币，但仍然能够得到人们的信任。此外，任何人都可以像从金矿挖掘黄金一样通过“挖掘”（Mining）免费获取，这也是人们青睐比特币的原因之一。

▲虚拟货币的可能性取决于能否在实物交易中使用

比特币可挖掘的总量是固定的，这一点将在下一节进行详细介绍。如果能够得到无限多的比特币，其价值就会下降，所以人们事先规定了可挖掘的比特币总量。随着越来越多的人加入挖掘的行列，可以挖掘到比特币的机会越来越少。因此，为了加强挖掘效果，人们开始组织合作挖掘比特币，这种组织称为“矿池”（Mining Pool）。这种组织中，挖掘工作划分给多人，大家一起进行挖掘。现在已经出现了很多这样的团体，在网上能够很容易地找到，在搜索引擎中输入 Mining Pool 关键字即可。

比特币是依托互联网运作的虚拟货币，每个人即交易主体。也就是说，它拥有一种个人之间交易金钱的结构。为了保证交易正常进行，需要一种能够获得双方信任的机制。因为只有得到某人的担保，人们

---

① 此为作者借用自己的名字虚构的货币，代指没有得到公认和许可的虚拟货币。——编者注

才能汇出或接收金钱。

然而，比特币交易中没有一个类似于银行的担保主体，那么问题就来了：谁为这种货币担保呢？从比特币自身结构中可以找到该问题的答案。详细内容涉及相关技术，我们在下一节中学习。

比特币交易发生在个人之间，这使其拥有较多优点，但同时也存在一些缺点。因为比特币要在个人之间进行交易，所以人们有责任自己保管密钥，防止比特币丢失。

比特币虽然是虚拟创造的，但其中包含持有人信息。如果信息丢失，持有人将无法使用比特币。因此，需要进行备份操作。比如，在银行办理存折时需要使用印章或签名，从银行取钱时就要使用这个印章或签名，只有持有相同印章或签名才能取到钱。与此类似，比特币持有人的名字就像签名，若无法同样创建出比特币中使用的签名，则无法证明持有关系。

很多人对比特币持欢迎态度，但并非所有人都如此。有些人担心会被黑客盗取，也担心其价值下跌。实际上也发生过此类事件，比如世界上最大的比特币交易商 Mt.Gox 遭受黑客攻击[①]就是一个典型的案例。最终，Mt.Gox 申请破产保护，比特币交易价格也随之大跌。但该事件仅导致比特币价格下降，并未使比特币从人们的视野中消失。之后没多久，比特币价格再次上涨，并一直维持在较高水平。

目前，比特币交易最活跃的地方是中国。鉴于比特币交易不会留

① 该事件尚无明确结论，但有人认为发生的原因更多在于经营问题而非黑客攻击。

下交易记录且价格有上涨趋势，许多中国富豪开始投资。现在，中国比特币交易平台 BTC China 已经成为世界最大的比特币交易所。

比特币虽然发生过被盗事件，但依然“屹立不倒”并获得人们的支持，主要有以下几个原因。

第一，比特币可以在世界范围内自由交易。比如，在韩国网购美国商品时，必须使用信用卡进行结算，除此之外别无他法。而使用信用卡就要向信用卡公司支付高额手续费。同样，到国外旅游去实体店购物时，需要先兑换外币，此过程中需要交纳很多手续费。但是，如果可以使用比特币进行交易，则不需要通过银行这类中介结构，需要支付的手续费就会非常少。当然也不是完全免费，只是手续费会很低，具体原因将在下一节中讲解。

第二，比特币交易更透明，并且是匿名的。有些人对比特币交易能够同时实现透明与匿名感到好奇，此处所说的“透明”是指交易透明，先前所做的交易一目了然，也能知道这些交易是否合法；“匿名”是指进行比特币交易时不使用交易者的真名，而使用类似于 1XDBa245BDf2291DDa9xY 的字符，交易双方并不知道对方是谁。

第三，随着时间推移与用户数增加，比特币的安全性会越来越高。这部分内容讲起来有些难度，本节只进行简要说明。从结构上看，比特币的先前交易、当前交易与未来交易全部连接在一起。因此，若想盗取比特币，必须能够操作交易明细，而这并非易事。并且，随着时间的推移，修改过去所有交易明细会越来越难。

比特币有很多优点，然而优点也会成为缺点。

第一，由于比特币可以在全世界范围内使用，所以各国政府发布的货币政策，即调控货币流通的能力就会被削弱。政府通过调整货币流通量刺激经济增长，稳定物价。如果虚拟货币可以在日常生活中使用，那么政府必须找到一种与现行方法不同的调控方法。

第二，比特币交易的匿名性使其有可能用于犯罪活动。比特币最初被犯罪集团广泛使用，许多人利用比特币的匿名特性而将其用于毒品、枪支交易，也有很多人热衷于比特币网络赌博。现实当中就有这样的案例。一家名为“丝路”的网站上曾发生海量比特币交易，美国政府对此深表担忧，遂关闭了这家网站，逮捕了网站负责人，并没收了价值高达12亿美元的比特币。

随着时间的推移、人们对比特币信任的增加及其自身价值的提高，类似事件可能会更多。因此，各国政府都在积极应对这种情况，举措之一就是限制能将比特币提现的比特币交易所的交易，并对其进行监控。美国和英国正在为此进行准备。

第三，比特币安全问题。其实目前为止完全没有问题，但黑客攻击可能会在某个时候突然发生。即使比特币系统本身没有问题，与其相连的系统也可能出现失误。一个安全级别非常高的计算机系统中保管的比特币也有可能因为操作失误而被清空，这样就很难再恢复。由于比特币存在丢失风险，所以每个人都要谨慎对待，认真做好备份工作。

迄今为止，比特币的使用情况喜忧参半。但与各国政府管理的货币相比，比特币拥有手续费低、支持匿名交易等优点。从现在看，其前景相当不错。随着比特币的出现，人们真正的需求变得越来越清晰。

如果政府着手对其进行管控，相信比特币一定会蜕变为一种新的虚拟货币，其系统也会越来越完善。

目前为止，比特币系统一直运行良好。即使出现新的虚拟货币，其使用的技术也可能与比特币类似。因此，我认为各位有必要认真了解比特币流通所采用的系统以及如何挖掘比特币等问题。下一节将讲解比特币系统及挖掘方法等相关内容。

⓪③ 比特币交易与挖掘

多人共享网络账簿

比特币是目前所有虚拟货币中最常用的一种。虚拟货币并非只有比特币，还有莱特币（LiteCoin）、加拿大魁北克省发行的魁北克币（QuebecCoin）、西班牙发行的西班牙币（SpainCoin）等。就在此时此刻，仍然有许多国家和地区、团体在发行虚拟货币，但这些虚拟货币中，比特币在日常生活中使用最广泛，所以也最为有名。

比特币系统中并不存在类似于政府或银行的中央管理主体，它只基于连接到互联网的网络，并依靠个人自律而流通。由于是虚拟币，所以不存在货币实物，但在比特币交易所可以将其兑换为实物货币，很多地方都开始支持使用比特币购买商品。

2008 年，一个自称“中本聪”（Satoshi Nakamoto）的人或组织设计了比特币[①]，并于 2009 年以开源软件形式推出。“中本聪”最早创建了该项目，但现实中并未找到其人，“他”也从未公开露面，显得相当神秘。“中本聪”看上去是个日本人名，但从其文件中所用的词汇看，“此人”更可能居住在欧洲。

---

① 维基百科：https://en.bitcoin.it/wiki/Main_Page

简单地说，比特币系统就是一个多人共用的账簿。该账簿不断记录比特币交易明细，并在网络上公开，无论谁都可以看到。因此，只要不断跟踪当前所用账簿的明细，甚至可以查看最初创建的比特币的账簿。

▲比特币交易使用多人共用账簿，任何人均可查看交易明细

比特币交易中，交易明细要不断记录到账簿，并且人们要能够读取，所以必须与其他人交换账簿，并保持账簿处于最新状态。为此，需要使用一种特殊方法。相信各位都听说过比特流（BitTorrent）系统，该系统常用于个人从网络上传与下载资源①。若想了解比特币账簿的共享方法，需要先了解比特流系统中的文件上传与下载方法。因此，先讲解比特流相关内容。

简单地说，首先在连接到比特流系统的用户中搜索自己需要的文

① 一般称为 P2P（Peer To Peer），指个人对个人的信息交换。

件，然后与拥有该文件的用户建立连接并下载。在比特流网络中搜索所需文件时，拥有该文件的很可能不只一人。如果只从一个人那里接收文件，那么发送文件一方的负担会很重，比如出现网速变慢的问题。因此，比特流系统会将要下载的文件划分为多个部分，从不同的人那里分别获取，以减轻彼此的负担。如果连接到比特流网络的人彼此切分文件，并能从多处接收，那么不仅接收速度会变快，同时也能产生多人共享的效果。

下面通过一个小故事解释以上内容。

> 你今天晚上想吃鱼，但是没钱买，于是打算向朋友们讨要。
>
> 借鱼过程如下：让朋友 A 带鱼头，朋友 B 带鱼尾，朋友 C、D、E 分别带鱼身的一部分。这样一来，今晚就能轻松快速地吃到一条完整的鱼了。由于每个朋友只负责带整条鱼的一部分，所以他们各自的负担也不大。

前面讲过，人们使用可以共享的账簿进行比特币交易。其实，该账簿是一种可存储于 PC 的文件，该文件称为“区块链”（Block Chain）。

区块链是共用账簿，记录着迄今为止的所有交易明细，所以会不断变大。随着时间的推移，它一定会越来越大。但由于区块链必须使所有人都能看到并共享，所以使用诸如比特流的方法彼此交换该文件。

如果只从一个人那里接收如此大的区块链文件，将会对其造成极大的负担，而且也不太容易与其他人共享。这其中有速度方面的原因，也有可能因其他问题而造成共享中断。

▲比特币的共用账簿文件很大，所以从多处接收

比特币也采用类似于比特流的方式，将区块链文件划分为多块，与多人共享并从多处获取。

区块链中包含着过去与最近的比特币交易明细。比特币不属于某个国家或公司，只用于个人间的交易。各位可能想知道交易明细如何保存、由谁保存，要弄清这个问题，需要先了解比特币是如何交易的。

比特币交易算法

通过银行与他人交易时，必须知道对方姓名与账号。只有这样才能确认收款方的身份，该身份由银行保障。为了提供这种保障，银行需要用户出示身份证以创建账号，并对用户账户进行管理，所以会向用户收取一定金额的手续费。

前面讲过，比特币为用户提供了匿名交易机制，不会使用真实姓名与账号。因此，比特币中使用的是类似于银行的“钱包”和相当于账号的“地址”。

比特币系统中，“钱包”充当着银行的角色。日常生活中，用户必须先带着身份证去银行办理存折，才能从银行得到一个账号。而比特币系统中，充当银行的“钱包”归用户自己所有，允许用户根据需要随时创建账号，此时创建的账号就是“地址”。账号属于银行，一个“地址”也属于某个“钱包”，一个“钱包”可以创建多个“地址”。

请注意，拥有一个新“钱包”后，由于创建“地址”的主体发生变化，所以不能再使用以前“钱包”中创建的“地址”。

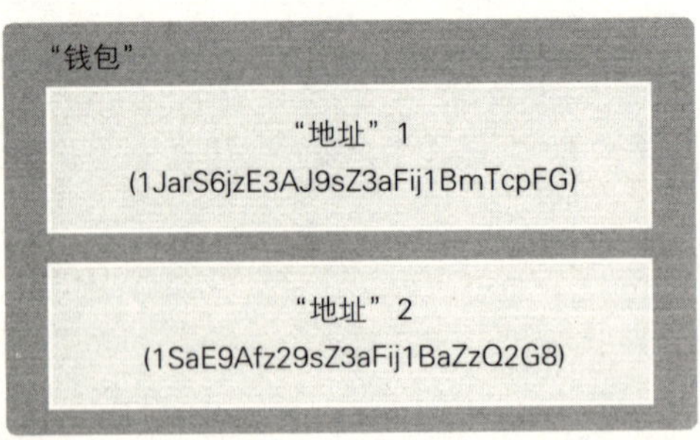

▲一个“钱包”中可以创建多个“地址”，实现拥有多个存折的效果

像 1JArS6jzE3AJ9sZ3aFij1BmTcpFGgN86hA 一样，比特币账号是“钱包”任意生成的以 1 或 3 开头的字符串，长度为 27~34 个字符。因此，仅凭比特币“钱包”或“地址”无法获知所有者真实姓名，所以说“比特币支持匿名交易”。

以上我们一起了解了比特币交易中使用的“钱包”与“地址”，下面学习有关比特币交易系统的内容。比特币交易机制类似于自助寄存柜。

地铁或百货商场中，我们经常能够见到用于临时保管物品的自助寄存柜。只要有自助寄存柜的密码或钥匙，谁都可以打开。我们可以将“钱包”想象为自助寄存柜聚集的地方，自助寄存柜号码就是交易中使用的“地址”。

若想与某个人进行交易，首先需要知道对方自助寄存柜的编号与密码。只有这样才能将其打开，并放入比特币。但由于比特币是无实体的虚拟货币，所以需要使用类似于发票的证书。该证书中记录着比特币所有者的变更，并添加签名加以证明。签名相当于在证书上加盖比特币原所有者的印章，表示承认比特币不再属于本人所有。

因此，要想使用比特币，则必须是比特币的最终所有者。可使用的比特币金额留有记录，证书中要加盖自己的印章才能使用与记录的数量相当的比特币。新交易中，需要变更所有者名称并加盖印章以变更比特币所有权，就像上一个所有者所做的一样。

如前所述，比特币中记录着过去的交易明细，即上面所说的证书中包含着过去所有者的变更明细。比特币的上一个所有者是“我”想要与之交易的人，最后所有者是“我”，之前的全部所有者均可查看。通过这种方式即可得知比特币状态是否正常以及能否使用。

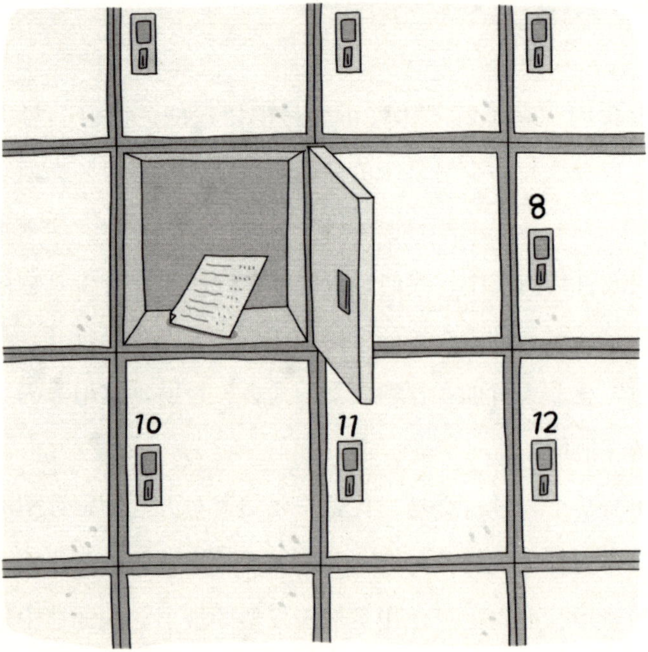

▲比特币交易类似于使用地铁站内的自助寄存柜。交易时，交易证书会被放入交易用户所希望的位置

如前所述，比特币交易中，比特币新所有者的“地址”会被记录到一个类似于发票的证书中，并经过签名确认。比特币交易明细与所有人都是共享的，因此，必须将带有签名的发票公开到网络上，以便其他人可以看到。这样做的原因会在后面进行讲解，简言之，这样做是为了使交易被认可为正常交易。

由于比特币是自律运行的，若不将带签名的发票公开到网上，那么个人之间就有可能私自交换。这样一来，可能发生交易者恶意签名并发送给多人的事件。公开带签名的发票就是为了防止此类事件发生。

上述内容可归纳为：共用账簿（区块链）是公开在网络上的文件，该文件包含每个人的交易明细，可以共享。个人间的交易就是变更比特币的所有者，为此要记录对方的地址并签名，然后再公布到网上。

公开到网上是为了获得比特币正常交易的认可，而这一认可是由“矿工”执行的。“矿工”将新公开的交易收集起来，检查后记录到区块链，再将区块链公开到网上，如此循环往复。

▲个人间交易使用的发票由“矿工”收集后记录到区块链，这样才能使比特币交易被认可为正常交易

“挖矿”与“矿工”

前面讲解了有关比特币的交易方法以及记录到区块链并共享的内容，还介绍了如何使用“钱包”与“地址”以保证比特币交易正常进行。其中有关“挖矿”的内容还没有涉及，下面对这一部分进行讲解。

“矿工”（Miner）是“挖矿”的人，他们不仅添加并检查交易明细，还要保证比特币的安全。作为回报，“矿工”们会得到一定数量的比特币。

为了帮助各位理解，我们先从什么是“挖矿”（Mining）说起。“挖矿”原来指在金矿中掘地挖金的行为，而比特币系统中，人们挖掘的不是黄金而是比特币，“努力掘地”的行为指的是破解密码。

要想使用比特币，先要通过互联网连接到比特币网络。如前所述，比特币网络中流转着交易用户公开的交易明细。由于记录交易明细的区块链是共享的，所以必须有人帮助记录。

然而，比特币系统中并不存在对交易明细进行管理或认证的主体，只有保证个人间交易的机制。发生个人交易时，必须有人证明交易正常，所以需要进行一种名为“挖矿”的特殊操作。

就像在金矿中收集金子一样，比特币系统中，“挖矿”是指收集比特币网络中发生的新的交易明细。收集交易明细过程中，发生错误的交易会被过滤掉，同时等待密码。密码中有链环，从中可以获知当前密码与上一个密码的创建时间，由比特币的时间服务器生成。时间服务器记录时间信息，故又称“时间戳”（TimeStamp）。

之所以要等待密码是因为，公开证明区块链有用时要用到密码。区块链中同时存在交易明细和密码。如前所述，破解密码过程中，由于存在与之前密码的连接链环，所以通过与之前密码进行比较即可得知连接是否正常。

查看连接链环时，若发现上一个区块链的密码不正常，则会认定是错误区块链而忽略。因此，只需查看彼此相连的链环即可确定区块链是否正常。由此可知，黑客只攻击一个区块链是不可能得到比特币的。

前面提到的“矿工”是指破解密码的人。“矿工”破解密码并成功创建新区块链后，就会得到一定数量的比特币作为报酬。

“矿工”并非只破解密码。所谓“破解密码”就是将新区块链连接到前一个区块链。新区块链中应该包含个人之间的交易明细，只有这样人们之间的交易明细才能够以记录形式保留。如果“矿工”因集中精力破解密码而忽视了收集交易明细，又会怎样呢？那样就会使许多交易无法正常得到认可，比特币也就失去了人们的信任。因此，在比特币系统中进行交易时都要缴纳少量手续费，以此激励“矿工”努力破解密码并收集交易明细。成功创建区块链的“矿工”不仅能够得到破解密码的报酬，还能得到全部交易手续费。“矿工”们就这样不断自己收集交易明细并创建区块链，如此往复。

▲矿工必须先破解密码才能将新区块链连接到旧区块链

为了维持比特币的价值，人们限制了比特币的挖掘。“矿工挖矿”最初获得的比特币补偿为 50 BTC（比特币），这个数字每 4 年就会减半，到 2014 年，解开密码可以获得 25 BTC。

随着时间的推移，“矿工”能获得的比特币数量越来越少。也就是说，“矿工”通过“挖矿”获得的比特币数量会减少。但如前所述，除破解密码外，“矿工”还收集交易明细，从中也能获得一定的手续费，所以不用担心比特币消耗殆尽。

任何人都可以成为“矿工”，都可以“挖掘”比特币。但由于密码强度非常高，需要巨大的计算量，所以现在使用普通计算机或设备已经很难“挖”到比特币了。为了提高挖矿效率，许多人希望分离破解密码的工作，这样就出现了“矿池”（Mining Pool）组织。“矿工”加入一个“矿池”后，得到一定量的破解密码计算工作，并根据承担的计算量获得相应的比特币报酬。

综合以上内容，我们归纳一下比特币挖掘与交易相关概念。

首先，为了与他人进行交易，双方必须知道彼此的“地址”。通过该“地址”，交易者既可以转出比特币，也可以接收比特币。若交易者 A 要将比特币转给交易者 B，则交易者 A 必须知道交易者 B 的接收“地址”。

为了与交易者 B 进行交易，交易者 A 必须创建证书。证书中记录着比特币之前的所有者、当前所有者以及下一个所有者。由于比特币当前归交易者 A 所有，所以交易者 A 在证书中写上“从现在开始该比特币归 B 所有”。签名后公布到网络上，这样交易者 B 就成为比特币的新主人。

将证书公开到网上后，还要经过大家的认可，只有这样交易者 B 才能真正拥有比特币。要想得到公开认可，需要“矿工”收集该证书并保存到区块链。这样形成的区块链每 10 min 就会进行新连接，因为区块链中包含的密码每 10 min 才会扩散到网络上。

比特币虽然是无实体的虚拟货币，但依然受到许多人的青睐。有人用它支付旅行费用，有人接受比特币捐赠。无论以何种形式，人们都相信，虚拟货币的应用范围会越来越广泛，使用也会更加活跃。因此，我们应当继续关注这个话题。

最后，无论是目前的比特币还是以后出现的虚拟货币，我都希望本章内容能对大家理解其运作方式有所帮助。

参考文献

虚拟货币：http://www.itworld.co.kr/techlibrary/84997

利率：http://goo.gl/KamKmf

散列值：sha-256 散列函数源代码使用手册（韩国互联网振兴院）

比特币单位：https://en.bitcoin.it/wiki/Units

手续费：https://en.bitcoin.it/wiki/Transaction_fees

比特币“地址”：https://en.bitcoin.it/wiki/Address

比特币协议分析：https://en.bitcoin.it/wiki/Protocol_documentation

图片出处及版权

货币照片：使用 CC 图像（http://pixabay.com/）

利率相关图片：http://goo.gl/tZmzis

信用卡照片：使用 CC 图像（http://pixabay.com/）

那么问题就来了……

Q. 我想尝试使用比特币，该怎么做呢？

A. 使用比特币之前，首先需要一个用于操作比特币的程序。

最具代表性的有 MultiBit 程序（https://multibit.org/），它是开源的。其网站中的说明非常详细，下载后的安装也十分简单。MultiBit 程序相当于前面所说的比特币“钱包”。一个“钱包”可以创建多个“地址”，用户可以根据需要随时生成。什么时候会用到“地址”呢？“地址”类似于银行开立的账号，进行比特币交易时使用。

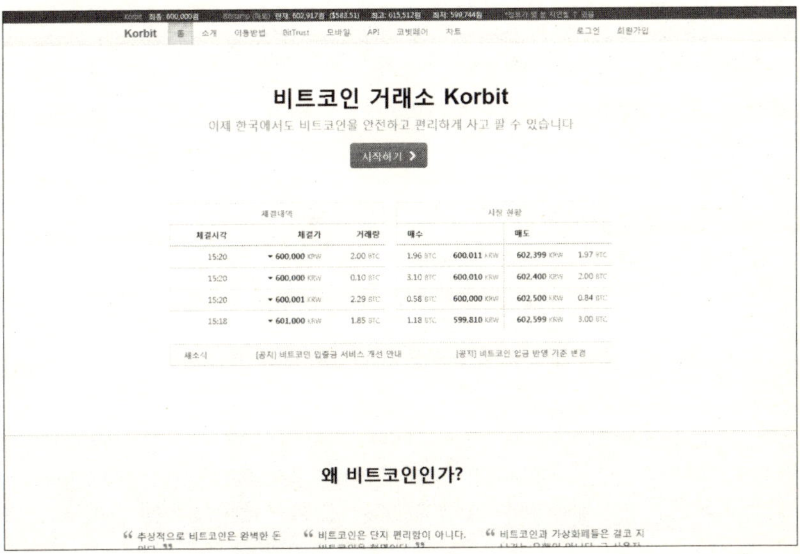

▲韩国比特币交易平台 Korbit（https://www.korbit.co.kr/）

安装 MultiBit 程序并生成“钱包”后，里面还要有用于交易的比特币。为此，需要从他人那里得到比特币或在平台上购买比特币。与证券交易所类似，可以在比特币交易所购买比特币。韩国具有代表性的比特币交易所是

Korbit（https://www.korbit.co.kr/）。“在比特币交易所购买比特币”是指将交易所中的比特币转移到自己的“钱包”。因此，购买时需要使用自己的账号信息，即自己“钱包”中创建的“地址”。

Q. 比特币总共有多少？换算成美元是多少？比特币总量是固定的，还是像实物货币一样可以无限增长？

A. 比特币面世于 2009 年，当时一次挖掘可以获得 50 BTC。

然而，比特币的挖掘数量每 4 年就减半，2014 年挖掘 1 次可以得到 25 BTC。至 2014 年 7 月交易比特币时，1 BTC 约为 580 美元。

据报道，截至 2013 年，比特币的总发行量为 1200 万。若无限发行比特币，其价值就会下降，所以比特币的总发行量限制在 2100 万。每 4 年可挖掘数量就会减半，所以预计比特币可以发行到 2140 年。

Q. 我想成为一名比特币“矿工”，需要具备什么资质呢？

A. 谁都可以成为“矿工”，不需要什么资质。

人们青睐比特币的原因之一便是其自由性。谁都可以拥有比特币，无论何处均可进行交易，无论何人都可以成为矿工。但比特币只奖励给第一个破解密码的人，所以竞争非常激烈，破解密码本身也非常困难。

即使如此，由于谁都可以免费“挖掘”比特币，所以大家都想进行“挖掘”，哪怕只能获得一丁点回报。现在，个人很难凭借一己之力“挖”到比特币，所以人们组织起来一起“挖矿”，形成“挖矿联盟”，这便是“矿池”。如果各位想体验“挖矿”，请先下载开源的“挖矿”软件，然后加入某个“矿池”，注册账号后即可开始“挖矿”。较具代表性的“挖矿”软件有 GUIMINER、CGMINER 等，著名的“矿池”有 BitMinter、Bitcoin CZ 等。

Q. 政府并没有针对比特币出台相应的规章制度，没有政府管制的货币可行吗？在受税收或其他国家职能制约的前提下，这不会引发一些问题吗？

A. 目前为止，货币本身尚未出现问题。

但由于比特币交易在交易所中进行，就像股票一样，交易过程中会产生收益，美国政府对这部分收益征税。因此，许多人担心这样可能会对比特币交易产生影响。美国政府从 2014 年 3 月开始宣布对比特币收益征税，截至 2014 年 7 月，比特币交易价格并未受到影响。虽然我不敢下定论，但只要不发生黑客攻击等影响比特币声誉的事件，以后可能不会出什么大问题。

第2章

可穿戴时代

- 01 记录移动轨迹：加速度感应器
- 02 可穿戴计算机
- 03 电池与续航时间

⓪① 记录移动轨迹：加速度感应器

可穿戴设备有何不同？

新的一年到来时，人们总是涌向健身房或游泳池等运动场所。对人们而言，健康管理是非常重要的，所以许多人将其定为新一年的目标之一。2014 年 MWC[①] 上，中国、韩国、日本等各国企业推出了多种可穿戴产品。在此之前，CES[②] 上也介绍了许多可穿戴产品。这些产品的共同目标是帮助人们管理健康。

▲多种可穿戴产品

顾名思义，可穿戴（Wearable）产品就是指可以穿戴在人身上的产品，可以像腕表一样佩戴在手腕上，或者像夹克一样穿着、像眼镜

① Mobile World Congress：西班牙举行的世界移动通信大会。

② Customer Electronic Service：美国国际消费电子展。

一样戴着。可穿戴产品包括但不限于健康管理相关领域。

对可穿戴设备的大量研究最常发生在军事领域。研究人员希望借助计算机处理大量信息，从而在战场上夺取胜利。因此，相关部门、机构开始研究便携式可穿戴设备，以期将计算机的强大计算能力直接应用于作战。作战时，通过这些设备可以实时查看所需信息，或者接收从空中侦察到的敌方位置。即使与队友相距很远，也可以借助这些设备轻松交流。

这些设备不仅可以穿戴，而且可以携带。但由于只应用于军事作战，所以制造得都比较结实，且可长时间使用。虽然可以将其称为可穿戴设备，但由于比较笨重、繁琐，使用起来不太方便。事实上，这些军用可穿戴设备不太适合普通人使用，于是人们开始设计制造具有类似功能但又轻便小巧的产品。

目前为止推出或销售的可穿戴设备形态主要有眼镜型、衣服型、指环型、腕表型、手环型、耳机型等。现在，大部分可穿戴设备多为腕表型与手环型。

智能手表（Smart Watch）是最具代表性的腕表型可穿戴设备。智能手表市场中，截至 2014 年，市场占有率最高的是三星的 Gear 系列，据说占据了美国 80% 的智能腕表产品市场[①]。除此之外，还有 Pebble Watch、LG 的 G Watch、摩托罗拉的 Moto360、苹果的 Apple Watch。

顾名思义，智能手表是在手表功能的基础上添加了智能。除手表功能外，智能手表还可以与智能手机连接，查看信息或与 SNS 联动，

① Businesspost：http://me2.do/GAO4feVV

也可以直接接电话。近来，智能手机正变得越来越大，有了智能手表，用户不从口袋里掏出手机也能处理一部分业务。

然而，时至今日，智能手表用户并不多。关于缘由众说纷纭，其中之一与设计有关。手表变得更智能固然好，但给人感觉与现有手表不同，有些人对此不太能接受。

有一段轶事可以证明这一点。当时正准备召开谷歌开发者会议，会上将发布 Android Wear[①]。此前，谷歌曾宣称要与 LG、摩托罗拉等共同开发基于 Android Wear 的产品。从那之后，人们就热切期盼着推出一款带有圆形 LCD 显示器的智能手表，就像一般的装饰性手表一样。

然而，随着 LG 与摩托罗拉新产品信息的传出，人们对二者产品的偏好出现不同，其中的原因就在于设计。LG 的产品与现有的智能手表类似，拥有方形显示屏；而摩托罗拉则计划推出与现有装饰性手表类似的产品，即采用圆形显示屏。谷歌开发者会议当天，三星、LG 都发布了自己的产品，而摩托罗拉则表示自己的产品仍处于开发阶段，这让许多用户非常失望。

其实，大部分智能手表的功能都趋于类似，所以人们才更喜欢设计漂亮的产品。大企业深知这一点，它们大多与专业的钟表设计公司合作，以求做出更漂亮的设计。

除了设计之外，还有一个问题要解决，那就是智能手表的使用时间。相关内容将在本章最后一部分进行讲解，其实使用电池的产品都

---

① Android Wear 是一种操作系统，后文将进行讲解。

存在续航时间长短的问题。

对于由电池驱动的电子产品而言，拥有的功能越多，需要耗费的能量就越大，就越需要储能强的电池。大部分智能手表的续航时间只有 1~3 天，所以消费者必须经常充电，这比预想的要麻烦得多。

前面提到过，可穿戴产品除了腕表型设备外，还有手环型设备，常见的智能手环产品有 FuelBand、FitBit Flex 以及 Shine 等。如果说智能手表是在手表功能的基础上添加了部分电话功能，那么智能手环就是一种带有生活记录功能的专用产品[①]。

各位健身时会以什么为目标呢？一般人会希望消耗热量、达到一定程度的运动时间和运动距离等。有些运动量可以用肉眼大致判断，但具体消耗了多少热量、什么时候运动最剧烈等则几乎不可能轻易估测。

生活记录器是记录、保存、分析这些运动量的设备。借助它可以记录走了多少步、睡眠是否良好，以及运动中实际消耗了多少热量等信息。它还可以与智能手机联动，将这些数据传送到智能手机，通过更易懂的图表形式显示相关分析结果。

① Life Logger：生活记录器，可以记录并保存运动量、心率等健康管理信息。

▲生活记录器拥有数据记录功能，我们无法通过肉眼准确估测这些数据。借助生活记录器可以准确记录实际消耗的热量、跑步距离、运动时间等

也就是说，大部分智能手环产品都用于健康管理。近来推出的智能手环的功能已经不局限于记录生活，还提供时钟与闹钟等功能，即拥有了智能手表的部分功能。

对于智能手环或智能手表提供的时钟计时功能，人们在电子手表产品上已经见识过了。至于无线通信，许多产品都使用该技术，所以人们并不会对智能手环或智能手表感到新奇。此外，对于计步功能，市场上也已经推出了相应的计步器产品。

然而，智能手环与这些产品有明显不同，它除了可以记录步数之外，还能区分是步行还是跑步，也能区分游泳与骑自行车。当然，也能检测用户睡眠是否良好。

加速度传感器：可穿戴设备的核心技术

智能手环内部有一个加速度传感器，与现有产品相比，它能够检测出更丰富的运动量。最近推出的大部分智能手机中也内置加速度传感器，此外，Wii 这类游戏机、智能电视遥控器、导航仪等也使用加速度传感器。

以后，越来越多的设备将使用加速度传感器提供各种基本服务。原因在于加速度传感器尺寸小、价格低廉，且可以感知多种运动。借助它，设备厂商可以向用户提供各种附加服务，比如通过手势操控机器或测量运动量等。

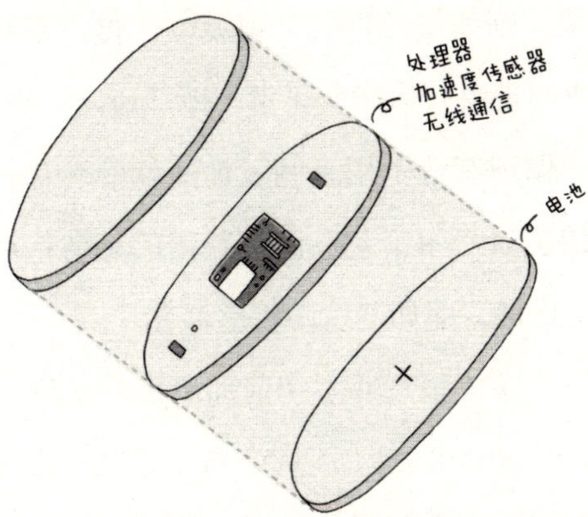

▲ 智能手环的核心功能是由加速度传感器实现的

加速度传感器不仅是智能手环的核心部件，在其他场合的应用也非常广泛，所以有必要了解其工作原理。比尔·海默克教授在其网站[①]

① http://www.engineerguy.com/elements/videos/video-accelerometer.htm

上对加速度传感器做了简要说明，其要点整理如下。加速度传感器的结构类似于钢珠悬挂在弹簧上。将弹簧的一端连接至钢珠，然后用手拉弹簧的另一端时，钢珠就会跟随弹簧移动。根据牛顿惯性定律，没有外力作用时，处于静止的物体将继续保持静止，运动中的物体将继续保持运动。拉动弹簧一端时，由于钢球要保持静止，所以弹簧首先发生伸展，钢球稍后再随之运动。

弹簧拉伸量根据拉伸状态的不同而不同。若快速拉长弹簧，那么由于钢球想保持静止，就会使得弹簧拉伸较长；反之，若拉伸弹簧速度较慢，则拉伸得就比较短。

这一现象表明，弹簧的拉伸量与其拉伸速度存在比例关系。从结果看，速度变化快，则弹簧拉伸长；速度变化慢，则弹簧拉伸短。也就是说，弹簧的拉伸量由其速度变化量（即加速度）决定。

人们借助这一原理制造了用于测量加速度的芯片，这种芯片即为加速度传感器。传感器是用于获取测量数据的设备，加速度传感器就是用于测量速度变化量，即加速度的传感器芯片。

最近推出的加速度传感器并不像前面所讲的示例一样只检测一个方向，而是可以同时在三个方向上（X、Y、Z 轴）进行检测，就像同时在钢珠上连接着三个方向的弹簧一样。借助这种加速度传感器，处理器可以全方位判断加速度传感器的移动方向及移动距离。

*** 处理器**

处理器是按照程序进行工作的芯片，通常所说的“编写程序”是指编写驱动某个处理器工作的程序。比如，屏幕绘图由处理器负责，用户触摸屏幕时，感知触摸并运行应用的工作也由处理器负责。处理器的行为动作由事先编好的程序决定，处理加速度传感器数据的工作也由处理器负责。

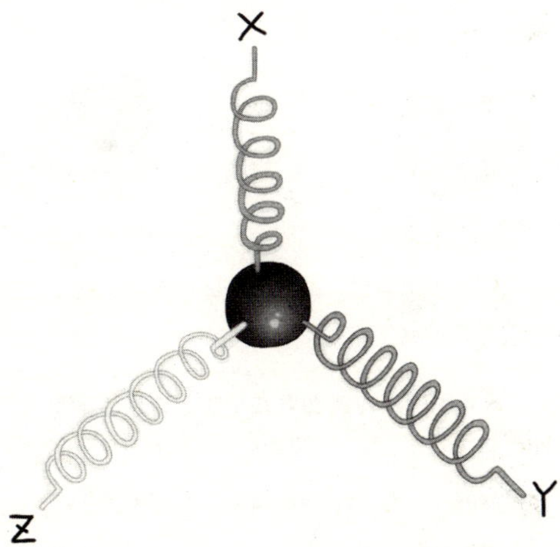

▲加速度传感器的结构类似于钢珠连接到弹簧上，弹簧的拉伸度会被识别为数据

处理器从加速度传感器获取数据，并根据这些数据判断移动方向与移动距离，由此识别用户动作。

比如，对于手环型可穿戴设备的加速度传感器，当用户走动时，由于移动速度很小，所以加速度值也会很小；而当用户奔跑时，速度增加，加速度值也会变大。若处理器能够识别这些不同的数据，就能够判断当前用户正在走动还是奔跑。

下面再通过实测数据进行讲解，以帮助各位更好地理解。要获取实测数据，只需将加速度传感器佩带到手腕上，然后检测步行与奔跑时的数据。

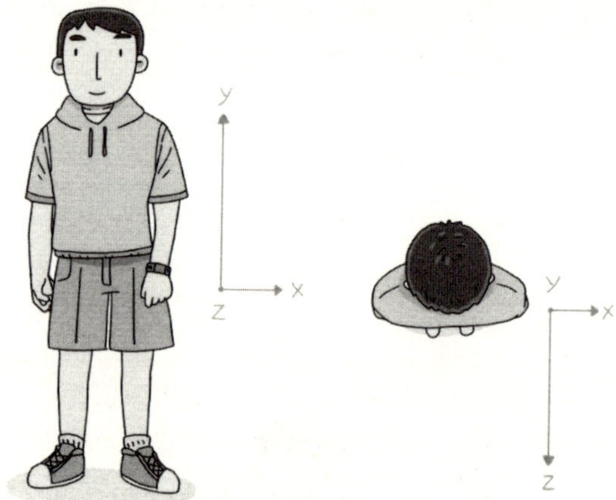

▲将加速度传感器戴在手腕上以获取数据

首先测量步行状态。从他人角度看，步行时，人双腿之间总是保持一定间距，且两腿前后交替前行，同时双臂前后轻摆。这种步行动作反映到加速度传感器上表现为 X、Y、Z 轴的方向各不相同，传感器数据也随之有所不同。

下图描绘的是步行时从传感器的 X、Y、Z 轴获取的实际数据。最下面的 X 轴数据变化并不大，从步行时双臂的动作可以很容易地知道其中的原因。步行时，双臂主要做前后运动，而左右方向上的运动幅度并不大，所以 X 轴的数据变化不大。相反，Y 轴与 Z 轴的数据变化非常大，从步行时双臂做大量前后运动即可得知。

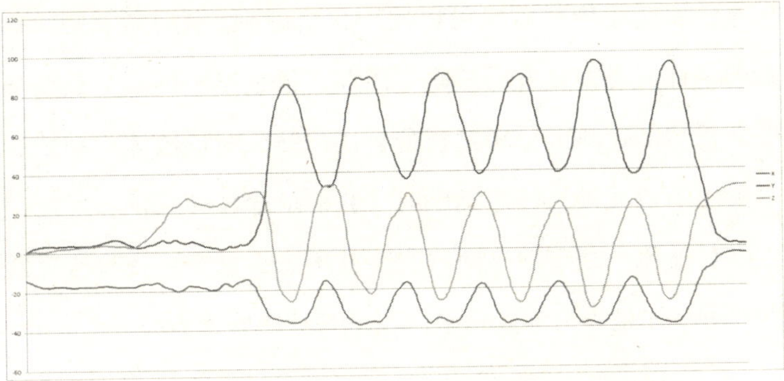

▲步行时传感器获得的数据，每当迈步时就会出现数据波峰

接下来获取跑步时的数据。与步行相比，跑步时双臂运动速度更快，也更频繁，所以其数据折线要比步行时的数据折线更加密集。分析这些数据可以得知跑了多少步、跑得多快以及消耗了多少热量等。

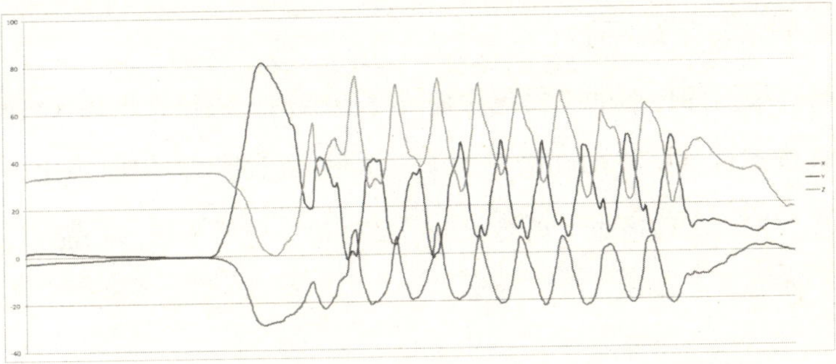

▲跑步时的传感器数据，与步行时相比，波峰出现的速度更快

比如，只有双臂运动到最远位置时才出现波峰，所以每走一步就会显现一个波峰。计算 1 s 内波峰出现的次数即可获取跑步时的速度。若知道人的身高，则可以得到人的步幅大小；再乘以前面获得的步数，即可算出人移动的距离。

此外，加速度传感器也可以用于分析睡眠。为了第二天的工作，我们必须保证充足而良好的睡眠。因此，最近推出的可穿戴设备提供了睡眠分析功能。睡眠分析是指分析用户睡眠时的肢体运动情况，当睡眠中出现不适或处于浅层睡眠时，我们就会辗转反侧；反之，人很疲劳或因其他原因处于深度睡眠时，就不怎么翻身。查看传感器记录的数据即可得知是否为深度睡眠以及是否睡眠质量不高。

以上有关运动的分析都围绕最基本的部分展开说明。分析相同数据时，采用更好的分析方法也能获得更好、更准确的信息，所以产品销售公司往往都会花费大量精力进行数据分析方面的研究。即使使用相同硬件，由于各公司在软件中所采用的分析技术不同，最终获得的分析结果也会有所不同。

最近推出的传感器不仅包含加速度传感器，还包含陀螺仪传感器、指南针等部件，提供的功能更加丰富多样。因此，与以前相比能够获取更多数据，准确度也会更高，分析数据后也能实现更多功能。

⓪② 可穿戴计算机

可穿戴设备

当今最流行的产品当数可穿戴设备或可穿戴计算机。Wearable Computer 中，wearable 一词原义为“可穿的”，但此处将其解释为“可穿戴的”更合适。当然，有些产品真的可以像衣服一样“穿”在身上，但佩带在手腕上或者像眼镜一样戴着的产品更多。

可穿戴设备有哪些优点呢？首先就是可以随身携带。由于穿戴方式不需要占用双手，所以双手非常自由。而且也不用费劲地到处找设备，使用起来相当方便。

可穿戴设备的优点是携带方便，那么这个优点对设备提供的哪些功能有好处呢？我们在家里或办公室里经常使用电脑，用于检索或编写资料。

谷歌推出了一款眼镜型可穿戴设备，称为“谷歌眼镜”。用户通过声音操控，用于检索资料或将眼前看到的场景拍照保存。可穿戴设备的功能虽然有限，但仍然可以提供计算机的重要功能。

可穿戴设备拥有几个明显特征：首先，由于其通过穿戴方式携带，所以必须是无线的，并且采用电池供电；其次，还要带有一块显示屏，方便用户肉眼查看相关数据。有时只使用类似于 LED 的部件简单显示状态，通过无线通信在手机或电脑上查看详细数据。此外，可穿戴设备内部还含有多种传感器，以便记录运动或进行健康管理。

▲可穿戴设备通常由电池、无线通信以及类似于 LCD 的显示屏组成

我一直在使用智能手环这种可穿戴设备。可能还有许多朋友尚未接触过可穿戴设备，或者还不了解，为此，我将与大家分享自己的使用经验。我所使用的产品名为 Shine（由 Misfit 公司销售），目前已经佩戴了 6 个月左右。

市场上已经有多种可穿戴设备，我选择 Shine 这款产品是因为其续航时间与防水性能。可穿戴设备必须方便使用，但与 Shine 相比，其他产品的防水性能都不尽如人意，并且每 3~4 天都要充 1 次电。而使用 Shine 时，只要放入一枚类似于汽车遥控钥匙中使用的硬币型电池，就足够使用 4~5 个月。此外，Shine 的防水性能也非常优秀，游泳时也可以佩戴，洗澡或下雨时也不用担心淋坏。基于这些原因，我最终选择了 Shine 这款产品。Shine 是一款佩戴于腕部的产品，用户可以随时佩戴。比如可以戴着睡觉，或醒来后直接戴着去洗澡，乘坐地铁上下班时也可以随时查看 Shine 的数据。想要查看自己昨晚的睡眠情况时，需要先打开 iPhone 手机，运行 Shine 应用程序，再启动 iPhone 与 Shine 同步，将 Shine 中的数据传送到 iPhone。

▲从制造商网站获取的 Shine 产品图片

iPhone 中的 Shine 应用在获取数据后就对数据进行分析，然后将有关睡眠时间、步行时间以及所完成的运动量等的分析结果以图表形式呈现，以便用户理解。从睡眠状态分析中，用户可以知道自己的深度睡眠时间有多长。我们究竟需要多少深度睡眠？虽然无法查找到相关资料，但从日常经验看，如果深度睡眠超过 3 h，白天就不会感到疲惫；若深度睡眠不足 3 h，白天就会感觉比较累。因此，通过深度睡眠的时长即可大致推测今天是否会疲倦。

同时，用户还可以知道自己昨天的运动量。从昨天的图表可知，早晚的运动量比较大，这是因为早上上班时要步行到地铁站，晚上下班后也要走到地铁站。即使如此，昨天也实现了步行 10 000 步的运动目标，令人非常满意。我从公司到地铁站有公交车可以乘坐，不必步行。但为了完成每天 10 000 步的目标，我依然坚持走到地铁站。

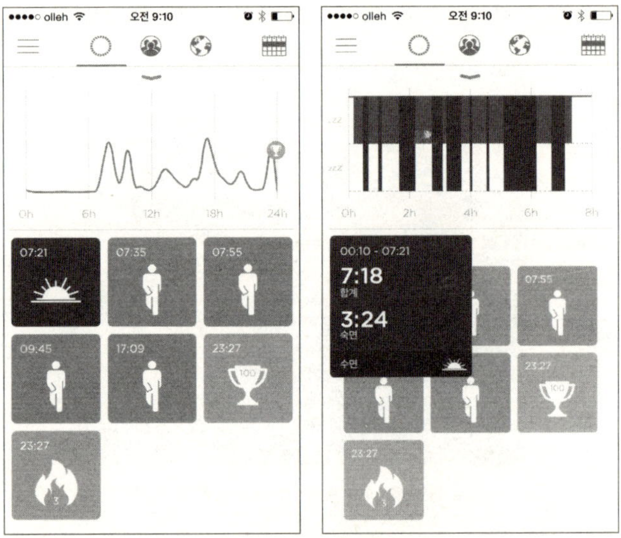

▲通过智能手机可以轻松查看 Shine 提供的数据

轻轻敲击 Shine 即显示当前时间，然后显示今天的已完成运动量。如果觉得今天的运动量不够，午饭时间可以出去散散步，尽力补足。我们一般在周围朋友的一再催促下才会运动，而 Shine 就像一个亲切的朋友，不断督促我运动。此外，每次吃饭时可以使用 Shine 拍照留念，这些照片会与运动量曲线一起被记录下来。

以上就是 Shine 这款产品提供的所有功能，我主要借助它督促自已锻炼、查看睡眠情况，以及记录自己摄入的食物。虽然 Shine 只是一款健康管理设备，但它提供的功能已经足够我使用了。

Shine 这类可穿戴设备产品已经广泛应用于日常生活，它们大多拥有戒指、手表等饰品的外形，所以人们并不排斥它们。如果一款可穿戴产品不便于佩戴，那么即使它的功能再好、再强大，人们也会放弃使用。从这一点看，三星的智能手表 Gear 与谷歌眼镜虽然提供了非常先进的功能，但其设计都与现有饰品相去甚远，令人大失所望。

▲人们更倾向于将可穿戴产品视为饰品而非设备

可穿戴设备市场已经饱和了吗？

目前，智能手机市场已经接近饱和，于是人们开始想要退出智能手机市场，进军新的领域。最终，人们找到了可穿戴设备。智能手机市场中，各家厂商的硬件水平已经趋同，成败的关键在于手机的软件与设计。

在硬件方面，各个可穿戴设备厂商的水平已经相差无几，大量企业一直在制造智能手表系列产品。大部分智能手表提供健康管理、闹钟功能和计时功能等，所以企业选择的个性化战略是：如何才能使穿戴更自然，如何才能比其他产品设计得更漂亮。为此，越来越多的企业开始与专业的设计公司或现有的饰品公司展开合作。

软件部分情形更为严重。从衍生于智能手机的智能手表看，苹果公司拥有自己开发的操作系统，而其他公司一般都使用谷歌公司开发的操作系统。智能手表虽然外观各异，但它们提供的功能以及图形图表都是类似的。为了摆脱这一框架，三星选择了 Tizen 操作系统，LG 也在积极准备研发自己的操作系统。但是否能够得到消费者的青睐，现在还是个未知数。

*** 操作系统**

智能手机等拥有复杂功能的电子产品中，每项功能都需要软件支持，比如有负责屏幕绘图的软件、触屏软件，还有负责电话功能的软件等。支持的功能越多，软件就越复杂，控制也就越困难。随之出现了一些软件，它们可以使系统运行更稳定，且更易于管理和控制，这些软件就是操作系统。智能手机所有应用程序的运行与终止都依靠这些操作系统。

关于操作系统，有一些内容需要我们认真思考。比如，可穿戴设备中是否真的需要使用高性能硬件以迎合操作系统的要求，以及是否有一款操作系统可以满足各种可穿戴设备。

一部分人开始要求提供更多功能，硬件性能随之不断提升，所以需要使用 Tizen、Android Wear 这类操作系统。但我们需要明白，并非所有人都要求有这些功能。而且，与添加众多功能相比，确定实际使用的功能更加重要。果断删除一些不常用的功能，将主要精力放在添加必备功能上，这样制造出的产品会更小巧，续航时间也会更长。我觉得这样做会更好。

目前，可穿戴设备还处于起始阶段，人们仍在不断尝试，很难预测以后会推出什么样的可穿戴设备。也就是说，由于可穿戴设备外观形态各异，很难创建一款满足所有需要的操作系统。

比如 Shine 这类产品只是简单地记录运动量，并将相关数据传送给智能手机，其实它们并不需要操作系统。操作系统帮助开发人员更轻松地实现各种功能，但这也意味着要耗费更多电量。如果在 Shine 中使用 Android Wear 操作系统，那么可能无法坚持 4~5 个月。

即使针对 Shine 设备而对 Android Wear 系统进行优化，即只添加 Shine 必需的功能以保证较长的续航时间，这样仍然有一个问题：该

Android Wear 系统也能应用于其他产品吗？

▲无论 Android Wear 多么优秀也无法适合所有设备

比如，目前 Android Wear 主要应用于 LG、三星、摩托罗拉的智能手表。如果 Android Wear 最初是为 Shine 创建的系统，那么将其应用到智能手表时，就要添加画面显示、触屏以及网络连接等功能。由于添加了新功能，原本只拥有最少功能的 Android Wear 就会变大。为了使智能手表的功能运行更加流畅，还要对其再次优化。

此处所说的“优化”主要有两个目的：一是为了使产品运行更加流畅，二是延长产品续航时间，使电池用得更久一些。因此，系统优化是制造可穿戴产品的必要过程之一。优化需要耗费开发人员大量的时间与精力，并且每个程序处理器也各不相同，所以根本不可能开发一款能够满足所有产品需要的 Android Wear 系统。

基于上述原因，我们很难将 Android Wear 应用于所有可穿戴设备。然而，如果只实现目前智能手表提供的大部分功能，并且不使硬件发生很大变化，那么制造产品时使用 Android Wear 能够得到很多帮助。比如，可以轻松实现并使用谷歌提供的智能手机联动服务、图形处理及声音识别等功能。

人们普遍认为，可穿戴设备体积小、轻便，只要拥有核心功能即可，因为蓝牙等无线通信技术的发展使之可以与智能手机轻松实现联动。最近推出的智能手机性能强劲、功能多样，完全可以代替可穿戴设备对资料进行分析处理。因此，只要将可穿戴设备与智能手机连接起来，所有数据的处理工作都可以交由智能手机进行。随之而来的缺点是，用户必须通过智能手机查看分析结果。智能手机中负责分析数据的应用程序逐渐增多，出现了一些附加功能，所以可以将可穿戴设备视为对智能手机功能的一种扩展。

可穿戴设备虽小，但如果将注意力集中到必备功能上，也可以大大缩减制造所需的成本。这样一来，即使投资金额不大也可以进行制造。只要拥有好的创意，就能轻松地制造产品。因此，小企业也将有足够的能力制造可穿戴设备。很多公司在开始制造这些产品时，就会出现很多价格低廉的选择，大众将能见到更多好产品。

⑬ 电池与续航时间

怎样才能用得更久？

最近推出的可穿戴产品大都小巧且易于携带，这就要求必须使用电池供电，并且轻便、使用时间长。如果这些产品非常耗电——电量不到一天就用光且必须每天充电——用户就会因为麻烦而不想使用。

因此，可穿戴设备厂商一直致力于研究如何增加设备的续航时间，以及如何减少充电带来的不便。也许有人会问："使用大一点的电池不行吗？"使用大一些的电池虽然可以进一步增加续航时间，但会使设备体积和重量随之增加。而对于电子设备而言，人们最不喜欢的就是续航时间太短，设备本身太重。

为了制造小巧、携带方便、使用时间长的设备，必须有强大的电池技术作为支撑。要想知道如何使用才能延长电池寿命，需要先了解电池的工作原理。

电池是储存电荷的装置，连上导线即可使用。电池的大小决定了可以储存的电荷量，可使用时间与电池大小成正比，电池越大，使用越久。

众所周知，电池中存在负极（–）与正极（+）。两个电极的性质有很大不同，将它们彼此相连后，就会产生从一端到另一端的"拉力"，即正极会吸引负极的电子。正极与负极之间存在电子移动的通路

（比如导线）时，电子就会沿着导线向正极移动，借助移动的电子即可驱动手机等电子设备工作。

*** 电子设备**

电子设备借助电子工作，画面显示或LED点亮都是借助电子移动实现的。此外，电子设备内部零件也需要依靠电子才能正常工作。

电池的外部结构分为正极和负极。更准确地说，两个电极分别是电池内部两个极板的集电器。观察电池可以发现，裸露在外的部分其实就是集电器，只要将其连接到电子设备即可使用。电池内部由电解质、隔膜等组成。电解质将电池放出电子时产生的物质移动到正极，除电池外壳外，电池内部充满电解质。如前所言，电池内部存在两个极板。电池内部的隔膜用于分离两个极板，使之互不接触。隔膜并非将两个极板完全隔断，两个极板之间存在着微小的孔洞，这些孔洞是物质移动的通道。

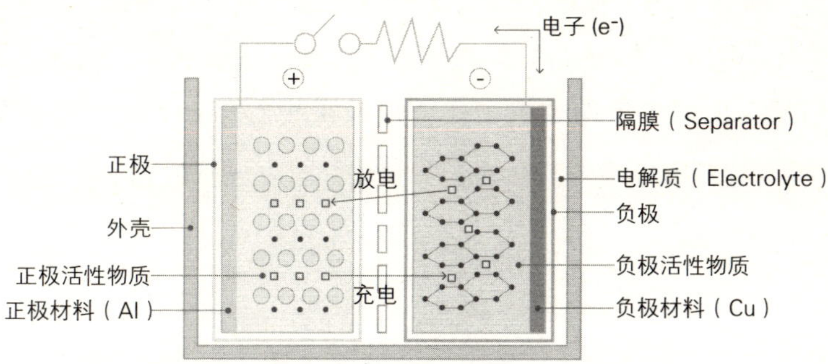

▲电池的两个电极含有不同化学物质，通过隔膜分离

电池向外释放电子，内部化学物质发生移动。负极失去电子时，内部化学物质分解，分解后的物质与另一侧的化学物质相结合。因此，我们可以将电池简单理解为一种通过与化学物质的结合而将电子存储到负极的装置。

我们从课本上学过，使用电池时，其中的电子会发生移动。那么其内部究竟发生了什么呢？开始讲解前，先假设电池的正负极之间已经连接了一根导线。

电池充满电后，负极聚集大量电子，并准备向正极移动。由于正极拥有吸引电子的能力，使用导线连接正负极后，负极中的电子就向正极移动，即电子沿着外部的连接导线向正极移动。而内部随着电子的流失，组成负极的化学物质发生分解，分解后的物质向正极板所在位置移动并贴附其上。

接下来，以实际电池为例进行讲解。近来，移动设备中大量使用的是锂电池。韩国的三星、LG、SK 这些大企业都在制造电池，约占世界总产量的 60%。

打开电池制造厂商“三星 SDI”的网页，可以获得许多与电池有关的信息。他们生产的锂电池中，负极采用石墨，正极采用锂混合物[①]，并且之间有隔膜。其余内部空间全部由电解质填充，以更好地帮助分解物质移动。

如前所述，若在电池的正负极之间连接导线，电池就会放出负极

① 出自三星 SDI。

中存储的电子，同时化学物质发生分解。就锂电池而言，存储在负极中的电子流走时，锂就会分离。电子沿着导线消耗或向正极移动时，分解出的锂无法沿着导线移动，它会借助电池内部的电解质向正极移动，即通过隔膜上的小孔洞移动。隔膜用于分离正负极，使之彼此不接触。

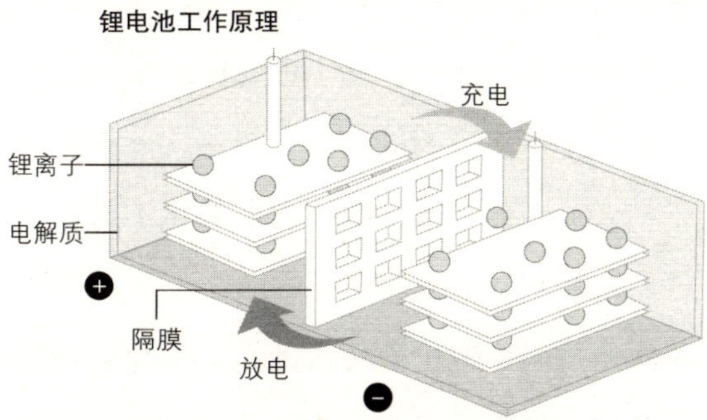

▲锂电池工作时放出电子，锂发生移动

电池分为可反复充电的充电电池与一次性电池，这与电池内部使用的化学物质有关。

如前所言，使用电池时，电池放出电子的同时，内部会分解出锂等物质，这些分解出的物质由负极向正极移动。反之，如果再次从正极分离锂离子并使其移动到电池负极，同时提供电子，那么电池就可以再次使用。

对于一次性电池，从负极分离出的锂离子贴附到正极后，无法再次从正极分离并移动到负极。若电池中贴附到正极的锂离子能够重新回到原来的位置，这样的电池就称为充电电池。也就是说，即使向一次性电池充电，分离的物质也无法回到原来的位置；而向充电电池充电时，由于分离物质可以回到原来的位置，所以可以再次使用。

那么，电池借助化学反应产生电子能量时，是什么原因决定分离物质能否返回原来的位置呢？简言之，就是将分离物质从负极贴附到正极的力量。

一次性电池使用的物质中，释放电子后，分离物质就贴附到电池的正极，无法再次分离。然而在充电电池的组成物质中，电子从外部向负极聚集时，由于与正极间的作用力较弱，分离物质会再次从正极分离并与电子结合。因此，仅从电池内部的化学物质就能知道电池是一次性电池还是充电电池。

然而，即使是充电电池也无法借助充电将化学物质（比如锂）完全送回原来的位置。因为经过大量充放电后，与正极结合并再次分离的力量就会变得非常弱。因此，充电电池并不能无限充电使用。电池使用得越久，就越无法像以前那样好用。

▲一次性电池内部物质发生一次移动后不能返回原位置，而充电电池可以再次返回原来的位置，所以可以重复使用

日常生活中，大家常见的一次性电池有碱性电池、水银电池、纯锂电池等。这些电池大量应用于遥控器与钟表。充电电池中，锂离子电池最具代表性，最新推出的电池是聚合物锂离子电池。名称不同是因为它们内部使用的极板与电解质不同。

选择电池时，大家有必要了解电池续航时间相关信息，不要认为"容量大就一定用得久"。购买电池时了解电池有多大容量、可以使用多久是非常有必要的，通过电池上标识的内容即可轻松获取信息。

常见的标识为"○○○ mAh"，比如 200 mAh。各位使用的电池也会有类似标识，请亲自确认。

若电池容量标识为 200 mA，则表示该电池可以持续使用 1 h。○○○ mAh 标识末尾的 h 表示 1 小时，而○○○ mA 则表示可以使用的总电量。

比如，对于一只 200 mAh 的电池，若以 100 mA 电流使用，则能够连续使用 2 h。但有一点需要注意，一只 200 mAh 的电池并非总能向外提供 200 mAh 电量。因为电池可以一直向外释放的电子量是有限的，从电池的使用说明中即可得知。此外，对于硬币大小的纽扣电池，从其说明书中可以看到，它可以一直向外提供 3 mAh 左右的电流。

如前所述，电池容量与电池内部极板（正极与负极）的大小成正比。极板越大，可以分离的电子数相应也就越多，电池容量就越大，如 300 mAh、400 mAh。反之，极板越小，电池容量就较小，如 100 mAh、50 mAh。一般而言，体积较小的电池，其容量也较小。

	AAA 型号	AA 型号	C 型号	D 型号	9V 方型
容量	1150 mAh	2850 mAh	7800 mAh	15 000 mAh	550 mAh
图片				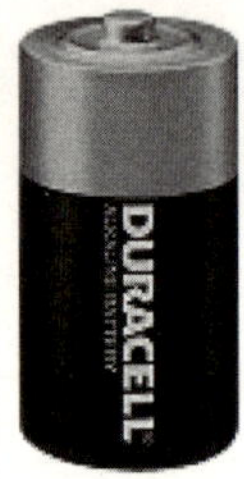	

▲干电池外形不同，其可用容量与电压也不同

Shine 使用的电池

依据前面讲解的知识，在电池容量固定的前提下，计算如何使用电子才能延长电池使用寿命。下面我以自己佩戴的智能手环 Shine 为例进行计算。

对于 Shine 智能手环，换一次电池即可使用 4 个月。Shine 使用硬币型电池，由于硬币型电池的容量为 200 mAh，若想使用 4 个月，应该使用多大的电流呢？

首先将 4 个月换算成小时数，30 天 ×4 个月 ×24 小时 =2880 小时。硬币型电池的容量为 200 mAh，表示 1 小时可以使用 200 mA。若想使 200 mAh 的电池使用 2880 小时，则每小时要用 0.069 mA（200 除以 2880）。

电子产品中装有 LED 发光部件，点亮 LED 需要 5 mA~10 mA 电流。只要打开 Shine 内置的 LED 灯，就要消耗这么大的电流。与之相

比，1 小时使用 0.069 mA 电流已经很少了。

此外，Shine 还支持蓝牙通信功能（准确地说是 Bluetooth Low Energy），而进行蓝牙通信需要 10 mA~15 mA 左右的电流。根据前面计算可知，Shine 每小时使用 0.069 mA 电流。但如果开启蓝牙通信的同时打开 LED 灯，0.069 mA 的电流怎么够呢？

原因在于 Shine 并非总在用电，而是每隔一定时间就在通电与断电状态之间来回切换。

Shine 平时处于休眠状态，一般称为“待机”。休眠时，设备并不运行，此时几乎不需要电流，即接近 0 mA。然而，设备不能一直在休眠，过一定时间后就要苏醒过来进行通信并测量运动量。因此，一直在使用由最小电流驱动的实时时钟[①]（假设为 0.01 mA 左右）。

该时钟每隔一定时间就会唤醒处于休眠状态的处理器。处理器[②]从休眠状态被唤醒后，开始进行通信或测量数据。每当处理器苏醒，Shine 就会查看周围是否有要进行通信的手机，若有则进行通信，否则只收集数据。

此过程中，Shine 大部分时间只耗费 0.01 mA 电流，短暂的通信需要耗费 10 mA~15 mA，而暂时点亮 LED 需要 5 mA~10 mA 电流。从全部时间看，平均使用的电流为 0.069 mA，所以最终可以使用 4~6 个月。

---

① 一般称为 Real Time Clock。

② 由程序驱动的芯片（微处理器）。

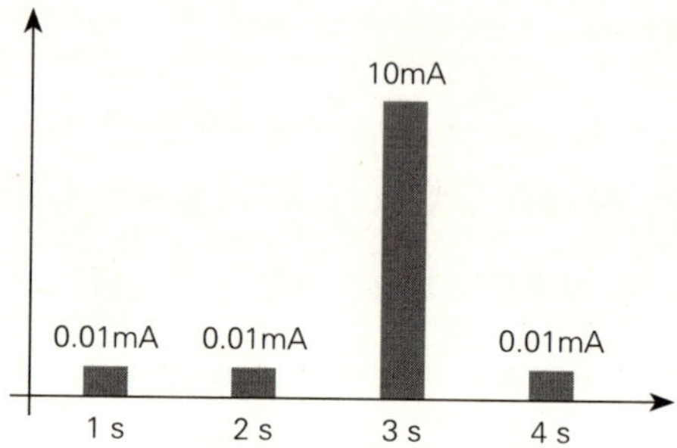

▲不同时间 Shine 的电池使用量

从结构上看，大小不同的电池可以使用的电流也不同。电池大小相同时，因为可以使用的电流大小是一定的，所以若想延长电池寿命，应当尽量少消耗最大电流。

为了实现这一目标，设计者必须精心设计硬件，并且使用低功耗的部件。因此，为可穿戴设备制造低功耗芯片也成为一个重要的技术课题。

希望本章讲解的内容对大家了解可穿戴设备有所帮助。目前，可穿戴设备仍是一个充满了很多可能性的领域，并且正处于起步阶段。因此，我认为大家最好了解其相关特征。

对于可穿戴设备而言，最重要的是以下几个问题：如何帮助人们？如何设计得更漂亮？如何用得更久？因此，从事可穿戴设备开发或关注该领域的朋友都要认真考虑如何解决这些问题，并且关注各种产品都是如何做的。

参考文献

《健康管理型可穿戴设备的趋势与展望》：保健产业简报 Vol.115（韩国保健产业振兴院）

加速度传感器原理：http://goo.gl/h3hXCd（Bill Hammack Site）

电池结构：https://www.samsungsdi.co.kr（三星 SDI）

Gear fit：http://goo.gl/lDBhre

图片出处及版权

可穿戴设备照片：出自各制造商

http://store.misfit.com/products/sport-band

http://www.samsung.com/global/microsite/gear/gearfit_features.html

http://www.fitbit.com/kr/flex/gallery

Misfit 照片：http://www.misfitwearables.com/shine#solid-panel-3

可穿戴产品照片：出自各制造商

GoogleGlass：http://www.google.com/glass/start/how-it-looks/

Moto360：https://moto360.motorola.com/

Gear Fit：http://www.samsung.com/global/microsite/gear/gearfit_features.html

电池容量照片：http://goo.gl/yNxsbX

那么问题就来了……

Q. 本章提到“加速度传感器是可穿戴设备的核心技术”，那是不是只有可穿戴设备才使用加速度传感器呢？

A. 不是的。

加速度传感器价格低廉且拥有良好的动作识别性能，广泛应用于智能手机、游戏机、导航仪、遥控器等多种产品。

大家肯定也使用过，比如智能手机中的摇动运行应用程序或发送联系人信息等功能，都是通过加速度传感器实现的。游戏机中，通过操纵杆控制游戏人物也是由加速度传感器实现的。此外，导航仪只通过 GPS 无法准确获取当前位置时，要使用加速度传感器辅助校正，比如通过加速度传感器获知汽车当前向左转还是向右转等。

Q. 目前最成功的可穿戴设备是什么？请举一些韩国与其他国家的例子。

A. 现在，我们周围的可穿戴设备并不多见。

但是，三星的智能手表 Galaxy Gear 在韩国和其他国家的销量都非常好。此外，健康管理类可穿戴产品的销量也非常不错。其中，Jawbone、Fitbit、Nike、Misfit 等公司推出的手环型产品最为成功。

Q. 可穿戴设备未来会变成什么样？现在好像以健康、智能手表等功能为主。

A. 本书中间部分将会讲解正在到来的物联网时代，也会说到可穿戴设备时代。现在，可穿戴设备主要以健康管理类或智能手表等产品为主，它们都是单独工作的。但在不久的将来，会有越来越多的产品与物联网互联。我们自己见到的、听到的也可以不用记忆而直接将它们保存到个人云端，或者通过扫描大脑，借助意念控制家中物品并做出判断。

Q. 有些可穿戴设备大小类似，但有的耗电少，有的耗电多。为什么会这样呢？

A. 简言之，因为组成它们的硬件与软件不同。首先，耗电量由硬件本身决定。最近经常看到有关低功耗设计或低功耗部件的广告，这些硬件耗电量更少，使用同样的电池也能工作更久。

此外，软件也很重要。即使硬件采用了低功耗设计，最终也要由软件进行驱动，所以软件的作用相当重要。即便使用相同的 LCD，耗电量也会因为以白底黑字还是黑底白字进行显示而有所不同，使用 LCD 显示白色比显示黑色需要耗费更多电量。因此，向用户提供文字菜单或图片时，不同的显示方式会造成不同的耗电量。同样，显示画面 5 s 与显示画面 3 s 等差别也会造成使用时间的不同。

第3章

视觉感知如何进化？

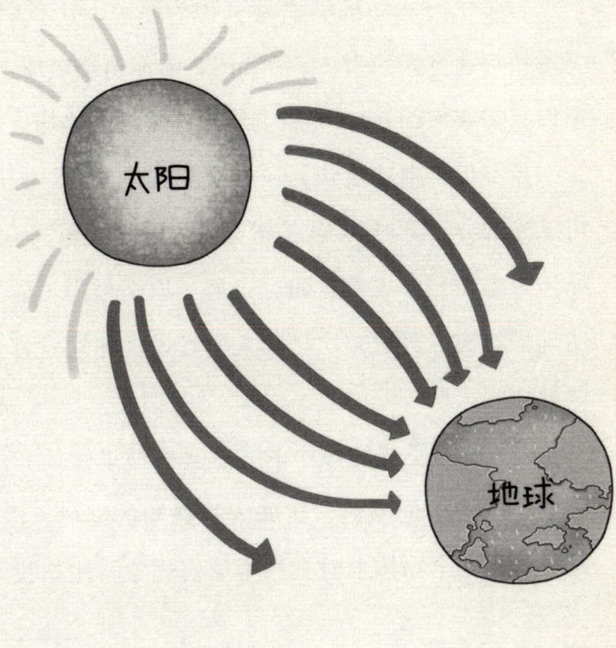

01 所见与所感

眼睛看到的

人类有五种感官：触觉、听觉、味觉、嗅觉、视觉，其中，视觉、听觉、触觉用于感知外部状况。人们用眼睛观察事物的位置，用手触摸实际存在的事物。对于远处无法触摸的事物，可以通过眼看耳听或只通过眼睛看以感知其存在。

为了了解眼睛能够看到事物的原理，让我们先从光是什么谈起。光的传播速度大约为 3×10^8 m/s，沿赤道绕地球 1 圈大约为 4×10^7 m，所以只需要大约 0.1 s 光就能绕地球 1 圈，光速之快可见一斑。

光不仅传播速度快，还有许多其他性质。人眼只能看见光谱中的可见光部分，“可见”就是指可以用肉眼看到。牛顿、麦克斯韦、爱因斯坦等多位科学家都曾研究过光，但至今尚不能为“光是什么”给出明确的答案。经过多次试验人们发现，光同时具有波动性与粒子性这两种性质。

因此，可见光区域中的光也具有波动性质，不同波长的光会在人眼中显示为不同颜色，比如大家熟知的红色、橙色、黄色等。此外，光照射到某个物体上时会产生反射现象，比如我们小时候会淘气地用镜子反射阳光去照朋友的眼睛。但物体并不会反射所有可见光的颜色（如前面提及的红色、橙色、黄色等），而只反射其中一部分。因此，我们最终看到的物体会呈现特定颜色。比如，一个物体只反射可见光中的红色光，由于进入我们眼睛的光只有红色光，所以该物体会呈现红色。如果存在可以反射所有光的物体，那么它看上去就会像镜子一样。

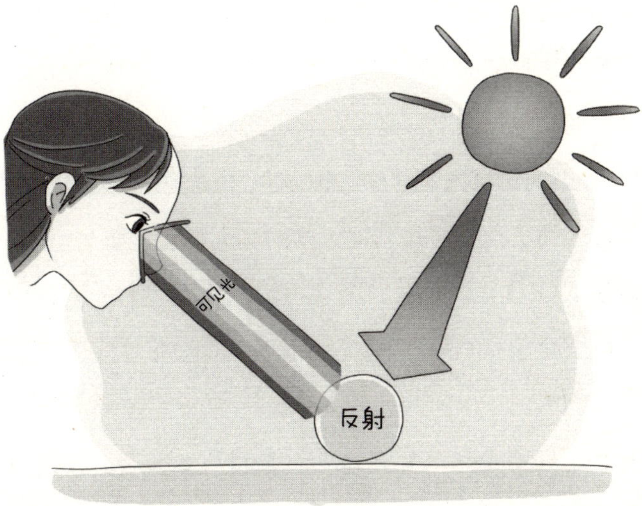

▲光经过反射后进入我们的眼睛，其中可以被人眼识别的光线称为可见光

耳朵听到的

为了了解耳朵能够听见声音的原理，让我们先从声音是什么谈起。声音的传播速度大约为 340 m/s，它沿赤道绕地球 1 圈大约需要 118 s。虽然比光慢，但声音的传播速度也已经非常快了。

* 频率

频率指一定时间内从某处开始运动然后又返回原来位置的次数，单位为赫兹（Hz）。比如跳绳时 1 s 跳 1 次，则跳绳的频率为 1 Hz；1 s 跳 10 次，则频率为 10 Hz。也就是说，频率越高，表示运动的次数越多。

人们听声音时会听到高低不同的声音，声音的高低是由频率决定的。声音在空气中以声波形式传播，声波频率高，人们听到的就是高音；声波频率低，听到的就是低音。

声波可以拥有多种频率，但人不能听到所有频率的声音，这一点与可见光类似。人耳可以听到的声音频率也有一个范围，即 20 Hz~20 kHz[①]。该范围内的声音通过空气传播到达人耳时，人们就能听到。

声音到达人的左耳时，人们会意识到物体在左边；同样，声音到达右耳时，就会意识到物体在右侧。而声音同时到达人的两只耳朵时，人就会意识到物体位于中间。

如前所述，只要光与声音到达人的眼睛与耳朵后，人们就会认为某个物体真实存在。如果采用某种方法欺骗人的眼睛与耳朵，就能让人产生错觉，感受到实际并不存在的物体。

① 维基百科：http://en.wikipedia.org/wiki/Sound

▲青蛙叫声从左侧传来，由此判断青蛙位于左侧

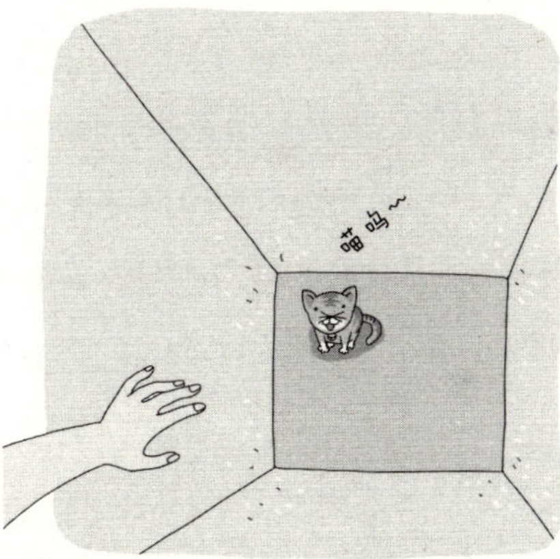

▲只要能看见小猫并能听到小猫的叫声，就能真切感受到小猫是真实存在的

假如前方 5 m 处有只小猫，那么如何知道这只小猫是真实存在的还是幻想出来的呢？由于无法用手触摸到，只能用眼睛观看，所以只能相信眼睛看到的。此时，如果小猫叫出声会怎样呢？人们就能充分感受到它是真实存在的。

但是，感觉实际存在的小猫形态不过是进入两只眼睛的可见光，小猫的叫声也不过是进入人耳的声音而已。如果能够制造出形成小猫形态的可见光与声音，那么即使小猫并不存在，我们也会感觉它像真实存在着一样。

如果将高清影像投射到人眼，并且能够让人感受到立体感，甚至能惟妙惟肖地再现声音，人们就会真假难辨了吧？3D 电视就是实现这种功能的产品之一。

虚拟现实设备

观看 3D 电视影像会使人感觉身临其境，同时也让人觉得有一些不足。比如，观看者虽然用眼睛观看但是非常被动，要静静地坐着感受，而且观看范围只局限于电视屏幕之内。为了弥补这一不足，人们开发了一种产品，即 Facebook 收购的 Oculus 公司推出的 Oculus Rift 虚拟现实设备。

Oculus Rift 属于 HMD 系列产品，HMD 指“头戴式可视设备”（Head Mounted Display）。Oculus Rift 拥有左右两个目镜，与 3D 电视类似，佩戴者的双眼看到不同影像，从而感觉到立体效果。

与 3D 电视不同，使用者戴上 Oculus Rift 后，看到的影像会随着用户头部的移动而变化，这样用户就能轻松看到自己想看的场景，从而获得更真实的感受。

▲正在开发 Oculus Rift 的研究人员

比如，观看坐在车中的 3D 影像时，在普通的 3D 电视中只能看到车子向前方奔驰，而戴上 Oculus Rift 后，汽车奔驰时，用户可以转动头部观察周围的景物，看到自己想看的地方。虽然影像中的汽车一直向前疾驶，但用户转动头部向左看时，左侧相关影像就会显示，感受也就更为真实。

谷歌也有虚拟现实相关的产品，即 2014 年谷歌开发者大会上推出的 Cardboard，向所有与会人士免费发放。谷歌 Cardboard 项目[①]设有网站，各位可以去网站下载设计文件，购买需要的镜片后即可免费体验虚拟现实效果。

Cardboard 的结构与 Oculus Rift 类似，双眼前分别有一个镜片，使用时需要借助智能手机在两只眼睛前显示不同影像，这与 Oculus Rift 不同。使用 Oculus Rift 时不使用智能手机而使用 LCD 显示器，画面在电脑中显示。

---

① Cardboard 项目：https://developers.google.com/cardboard/

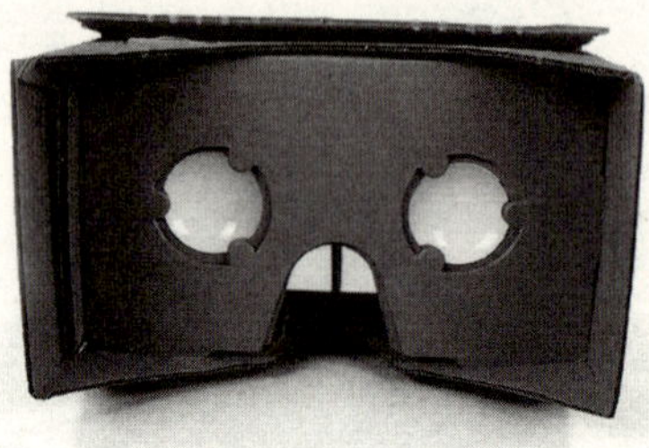

▲谷歌制作的虚拟现实产品，可以使用纸盒折叠而成

对于一切可以用眼睛看到的东西，借助 Oculus Rift 这类 HMD 产品都能使人身临其境，但无法用手触摸，就像假象一样。人们只能静静地坐着，通过转动头部感受，这是此类产品的不足之处。

认识到这一问题后，有些公司推出了虚拟现实增强产品，韩国的 E2BOX 公司就是其中之一。他们将自主研发的产品与 Oculus Rift 连接，这样用户就可以在虚拟环境中自由活动，大大增强了虚拟现实的体验效果。

这些虚拟现实增强产品主要使用运动识别技术。运动识别是电影、体育以及游戏中使用的技术，借助该技术可以识别人的肢体动作（Motion），所以称为“运动识别”（Motion Recognition）技术。《少数派报告》《钢铁侠》等电影大量运用了运动识别技术。运动识别相关产品很早就出现了，它们大多借助相机分析影像。但由于进行影像分析时实时查看的速度较慢，并且要求设备具有强大性能，所以这些产品往往都比较昂贵。

▲E2BOX 虚拟现实解决方案，用户借助它可以在虚拟环境中行走

我亲身体验过 E2BOX 的产品，几乎与真实的移动没有差别。其使用简单便捷，可以帮助用户拥有完美的虚拟体验。这种虚拟环境中，用户不仅可以自由行走，也可以用脚踢盒子。也就是说，用户不只可以用眼睛看，还能亲身体验。对运动识别感兴趣的朋友可以访问 E2BOX 公司的主页（http://e2box.co.kr），进一步了解相关内容。

02 科幻电影中必不可少的素材

全息图原理

大家都看过《星球大战》吧？虽然拍摄于20世纪70年代，但现在看来仍然是一部制作精良的作品。《星球大战》《宇宙威龙》《少数派报告》《钢铁侠》《变形金刚》《阿凡达》等比较有名的科幻电影中，都出现过同一种设备。

《星球大战》中有这样一个片段，R2D2机器人将莉亚公主的形象投射显示到空中，与天行者进行对话。而《钢铁侠》中，主人公托尼·斯塔克在空中显示的地图上来回滑动手指以查找资料。

电影中这些在空中显示画面的设备称为全息设备。使用全息设备呈现物体的三维影像会让人感觉实际物体就在眼前一样，因而更加逼

真，也更加吸引人。正因如此，它才在许多电影中频频出现。

电影中出现的设备许多都已经变为现实，比如手机、在天空中飞行的汽车等。但令人遗憾的是，全息图设备尚未实现，依然存在许多技术难题。

人类认知事物时会先用眼睛观察，再用大脑分析其深度与形态。比如文字，虽然没有深度等立体特征，但我们识别文字时会观察其形态，并借助大脑进行分析。

> 根据剑桥大学的研成究果，字母在一个单词中如何列排并不重要，重要的是第一个与最后一个字母要在正确的位置上。其余母字即使排列顺序非常乱混，读者也能毫无题问地识读它们。原因在于人类的大脑并非按照一个个字母来读阅，而是将一个单词作为一个整体来别识对待。

各位阅读上面这段文字时有没有发现错误呢？可能很多朋友并没有发现其中的文字错误。这是电视节目 KBS Sponge（第 53 期）中播出的内容，该现象称为“词语优先效应”。如果再次阅读这段文字，就会发现词语中存在许多错误。如此看来，人类的眼睛比想象得更容易受到欺骗。因此，人们一直在研究如何通过欺骗肉眼以形成立体感，随之出现了 3D 电视等立体影像设备。

人类两眼之间存在一定距离，能够以不同角度观察同一物体，这种角度差异使物体有了立体感。3D 电视的基本技术就是使人的双眼能够感受这样的角度差异。

▲人之所以认为眼前的物体是立体的，是因为左右两只眼睛看到的物体模样不同

3D 电视的工作方式也各不相同

全球电视市场中，三星与 LG 分别位列第一、第二[①]。两家公司在 3D 电视市场上竞争激烈，二者的设备在产生 3D 影像的方式上略有不同。用户使用这两家公司的产品时都必须佩戴眼镜，以便在两只眼睛中显示不同影像。但两种眼镜在工作方式上存在差别，三星使用快门式 3D 技术，LG 采用偏光式 3D 技术。

快门式 3D 技术需要用户佩戴主动式快门 3D 眼镜，以使左右眼交

① 韩国财经新闻（2014 年 3 月 11 日）

替看到图像，再通过大脑合成两幅图像，从而产生单幅图像的 3D 深度感。也就是说，先遮住右眼，只允许左眼看到图像；再遮住左眼，只允许右眼看到图像，如此交替进行。与此同时，电视画面也同步显示用左眼观看的图像和用右眼观看的图像，即使左右眼看到彼此不同的影像。

▲快门式 3D 技术下，左眼与右眼交替看到不同画面。不戴眼镜时，可以同时看到两个画面

快门式 3D 技术下，左眼图像与右眼图像交替显示，所以图像之间存在短暂的画面切换过程。但观看者不会感觉到，这是人眼具有残像现象[①]引起的。

① 维基百科：http://en.wikipedia.org/wiki/Afterimage

* 残像现象（Afterimage）

来自物体的光进入人眼而突然消失后，人的视觉感应并非立刻消失，该物体的影像仍然会暂时存留，这种现象称为残像现象。电视中的画面快速闪烁时，由于视觉残像存在，我们不会感觉到画面在快速闪烁。电视中的影像一般以 1/30 s 或更快的速度显示，速度越快，画面就显得越自然。

快门式 3D 技术中，3D 眼镜要依据电视时间交替遮住左眼或右眼。因此，这种快门式 3D 眼镜必须使用电子设备，还需配备电池供电，导致重量增加。

偏光式 3D 技术也通过让左右眼观看不同图像产生立体感，其镜片为不同的偏光片，它们只接收来自一个角度的光。也就是说，进入左眼的光与进入右眼的光的角度不同。与此对应，电视的屏幕玻璃也经过特殊处理，以便以正确的角度显示画面。

▲偏光式 3D 技术下，同一画面以不同角度进入人眼。在眼镜偏光片作用下，左眼只看到左侧画面，右眼只看到右侧画面

由于偏光式 3D 眼镜通过偏光镜片过滤光，不需要使用电池供电，所以携带方便且价格低廉。偏光式 3D 技术下，电视画面的一半只有左眼能够看到，另外一半只有右眼能够看到，所以需要将整个电视画面分为左右两半。此处所说的“将画面分为两半”并不是简单地从中间一分为二。仔细观察电视画面可以发现，整个画面由大量像素点组成。整个电视画面中，竖直方向的像素点组成一竖行，只有左眼可以看到，而紧接着的下一竖行则只有右眼才可以看到。

整个电视画面由多个竖行组成，观看时用左眼看一竖行，用右眼看下一竖行，然后再用左眼看……如此往复。靠近观察就会感觉到它们之间的间隙，而在距离 5 m 远的地方则不会察觉。

与 3D 电视的工作原理类似，全息图设备表现立体感时也向双眼显示不同角度的影像。然而，与电视不同，其光线并非来自同一处，而是来自多个角度，就像光从实际物体反射过来一样。只有这样，无论从哪个角度观看，都会显得非常逼真。

“全息图”（Hologram）一词由意为“全体”和“绘画”的希腊语组合而成[①]。与二维图像不同，全息图是一种三维图像，以三维立体方式描绘对象整体。最初开发的全息图是种存储光的方式，与照片一样被记录到特殊胶片上。

使用胶片记录影像时，必须有类似于光的能量照射到胶片。就普通相机胶片而言，使用时自然光照射其上，而全息图胶片则使用激光进行照射。

---

① 维基百科：http://en.wikipedia.org/wiki/Holography

▲与 3D 电视不同，从多个角度观看全息图时会呈现不同形态，这让它比 3D 电视更加逼真

全息图使用激光是因为它是定向光。自然光来自太阳，抵达胶片前与大量物质发生碰撞，比如空气中肉眼看不到的物质、云、建筑物、玻璃等。因此，自然光不是定向光，而是来自四面八方经过反射后照射到胶片上的光。

而激光是任意形成的光线，可以近距离产生，只要不在光路上放置物体，就不会与任何物质碰撞，并保持固定的强度与频率。因此，激光的定向特性很强，照射到镜面上就会以一定角度反射。

将激光照射到全息胶片后，由于激光是定向光，一定形态的光线会被保存起来，看上去就像涂了某种颜色的纸张。然而，如果在激光与胶片之间放置某个物体，部分激光就会被该物体遮挡，这部分光线将无法抵达胶片，所以胶片上会产生物体的阴影。

若该阴影中有来自其他角度的激光，会发生什么呢？这些从其他方向来的激光也会被记录到胶片上。这样一来，曾经形成阴影的部分再次被激光填充，胶片上就会被填充某种颜色而不会有阴影。实际上，将全息图记录到胶片的方式既使用来自多个方向的光，也使用定向光。但不是用一种颜色进行填充，而是通过明暗表现。

如前所述，由于有物体遮挡光而产生阴影，又因来自不同角度的光而再次填充颜色，所以看上去就像没有任何记录。那么，全息图是如何记录物体形态的呢？答案是干涉效果。

两束光相遇时，其强度在某些区域始终加强，在另一些区域则始终削弱，这种现象称为光的干涉。该现象导致胶片上某些区域记录的光线强，某些区域记录的光线弱。

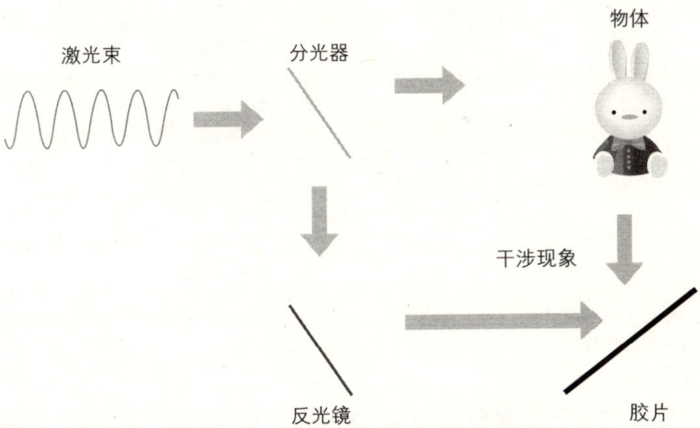

▲进行胶片记录时需要使用激光等定向光。激光经过分光器时分为两束，一束光射向反光镜，另一束光射向物体。最后，两束分离的光线照射到胶片产生光的干涉，使照片表现立体感

下面通过两个人在蹦床上跳跃的例子讲解光的干涉现象。蹦床是一种跳跃玩耍时使用的器具，只要调整好力度就能越跳越高。一个人

玩耍时，只要控制好力度与节奏，即使不花费很大力气也能跳得很高。掉落到蹦床的力量或重量越大，跳得就会越高。

与一个人玩不同，两个人一起玩蹦床时很难保持一致。两人节拍彼此不同，跳的高度会比一个人时更低。若两人节拍一致，同时落到蹦床上，弹起的高度则会更高。原因在于蹦床类似橡皮筋，先拉伸后回弹，回弹力会将人弹起来。两人同时掉落时，由于两个人的体重要大于一个人，所以产生的回弹力也更大，相应的反弹也更高。

▲蹦床上的两个人齐心协力保持节拍一致，会对蹦床产生更大压力，形成的回弹力也更大，弹跳也就越高

全息图中的干涉现象与两人一起玩蹦床类似。两束激光相遇时，光强会形成更强的光。也就是说，两束激光相遇，光强最大时，相遇部分会形成比其他地方更强的激光，最终这些强光会被保存到胶片上。这样一来，不同的明暗程度会将物体形状刻画出来，并表现出立体感。

将光存储到胶片上形成的全息图通常称为胶片全息图，而科幻电影中出现的那些全息图称为数字全息图。后者不像照片一样将光存储到胶片上，而将光的相关信息存储到内存，需要时再显示。因此，数字全息图可以显示连续变化的影像（视频）或经过加工的影像。

然而，如果要像在电影中看到的那样，在空中而非平面上创建影像，则需要在空中制造光。如前所述，我们之所以能够看到物体是因为有光照射到物体，再经物体反射进入人眼。

由于空中不存在反射光的物体，所以也就没有光进入人眼。然而，若有光从本该存在反光物体的位置发出，则人眼也能够看到。

因此，有一种全息图的实现方法是，先利用光的干涉原理从不同方向发射激光，其相遇的地方会形成强光，然后在空中喷洒水蒸汽以反射光，之后再使用投影仪显示影像。

但是，使用激光的设备只能显示为单色，而且通过喷洒水蒸汽创建的影像也只是二维影像。在空中制造光并非易事，人们仍在进行相关研究。

随着时间的流逝，技术难题有朝一日总会被攻克。到那时，我们就可以坐在家中使用全息图进行视频通话、搜索物品，或者观看真正的 3D 电影。我认为应当了解当前全息图的局限与不足，掌握其难以实现的原因，以便为今后做准备。下一节将继续讲解制造全息设备过程中遇到的一些问题。

⑶ 虚拟现实的障碍

从浮动图像到全息图

从很久以前开始，人们就一直对虚拟现实技术充满期待。利用虚拟现实技术可以为图画书添加立体效果，也可以通过向双眼显示不同影像产生立体感。经过不断努力，现在人们可以在家里观看 3D 电视了。

虚拟现实的最终目标不是平面上感受到的立体感，而是像在电影中看到的那样，将影像显示到空中。观看者可以 360° 观看，即创建好像实际存在的物体。但由于技术问题，至今尚未出现完美的全息图。

韩国爱宝乐园正在使用全息影像播放 K-POP 演出。场景虽然小，但塑造得非常逼真，在观众看来就像有真的歌手在舞台上唱歌一样。除了爱宝乐园，还有许多地方使用全息影像进行演出，这种演出形式甚至输出到了其他国家。

推广宣传全息影像演出时，常常会使用“全息演唱会”这样的字眼。其实这与我们前面所讲的全息影像有所不同，因为这种全息演出不能进行 360° 观看，不符合全息影像的基本概念，只不过是模拟了全息影像在空中显现的效果。

全息演唱会采用的方式不是全息影像，而是浮动图像（Floating Image）。其工作原理类似于使用投影仪在屏幕上显示影像，只是采用的屏幕是透明的，仅凭肉眼看不到。因此，观众甚至能看到舞台后面的背景，仿佛并不存在屏幕。但使用投影仪将影像投射到透明屏幕时，在光的反射作用下，观者会感觉影像就像飘浮在空中一样。

将歌手形象投射到透明屏幕上时，由于可以同时看到背景与歌手形象，所以观者可以看到拥有立体感的演唱会影像。浮动图像利用这种立体感使观众欣赏歌手们的音乐会，因而受到很多人的关注与青睐。

▲投影仪投射的影像经过反光镜反射到透明屏幕，此时观众可以同时观看到透明屏幕上的歌手与舞台背景

驱动浮动图像需要大量空间与设备，所以普通家庭无法使用。随着技术的进步，如果普通家庭也可以使用全息技术，那可以做些什么呢？

最先浮现的答案是通信，可能因为我们在影视作品中经常看到使用全息影像通信的场景吧。全息影像通信过程中，双方交谈时，对方会以全息影像形式显现，就像真的在眼前一样。如今，很多人都会使用视频通话，但若使用全息影像技术进行通话，则会更加逼真。

全息影像技术也可以应用于教育领域。当前教育方式大多通过视频查看并理解从纸质图书中学到的内容，图书与视频只能单向传递特定知识，无法为所有人提供所需信息。比如，视频中展现了月亮的形态，有些人看到月亮正面就够了，而另一些人可能还想看看月亮的背面，此时就需要查找其他相关视频。

▲左图的学生们通过显示器观看月亮视频，右图的学生们通过月亮全息影像观看，哪种更逼真呢?

如果使用全息影像技术，除了直接用肉眼看到的部分外，观看者还可以从任意角度观看，甚至可以放大或缩小。全息影像技术将在教育领域大有作为。

为何全息影像技术困难重重?

全息影像技术优点多多，但由于存在一些技术问题，它至今仍然无法走进我们的日常生活。其中最常见的两大问题一是如何在空中显示影像，另一个是全息影像的数据量非常大。因此，目前的存储空间与数据处理能力都还达不到要求。

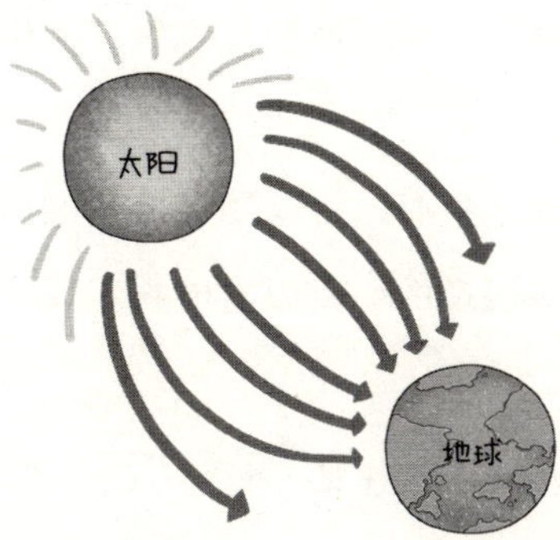

▲太阳通过一系列复杂过程产生光，这些光为地球上的各种物体添加色彩

在空中显示影像并非易事，而在所希望的位置显示彩色影像更是难上加难。我们之所以能够看见物体是因为物体反射的光进入了我们的眼睛。某个物体反射的光进入眼睛时，人们才能正确识别它。但由于空中并没有反射光的媒介，所以需要直接制造光。

我们已经知道光是太阳经过一系列复杂过程产生的能量。要在空中产生光，必须进行某种反应，就像太阳一样。为此，空中必须有能进行类似太阳反应的物质，还要有控制该物质发生反应的方法。这很复杂吧?

即使复杂也必须经过上述所有过程才能进入观看光的阶段。迄今为止，在空中观看光的技术还不够成熟，相关人员一直在进行研究，相信未来一定会实现。相关研究中，美国麻省理工学院一直处于领先地位。

全息影像技术至今尚未广泛应用的另一个原因是其数据量非常大。如此大的数据量会让我们面临两个问题，数据处理与数据传输。影像是一个个像素点聚集而成的。靠近电视观看就会发现，图像其实由一个个小的方点（实际是红、绿、蓝的色块组合）组成，这些小方点就是像素。

一个像素可以表示一个点，所以能够显示的画面分辨率由像素数确定。全息影像是立体表现的，所以与电视不同，它由立体像素而非平面像素组成。

比如，家中常见的全高清电视在水平方向上有 1920 个像素，在竖直方向上有 1080 个像素。也就是说，全高清电视画面中总共有 1920 × 1080 个像素点。

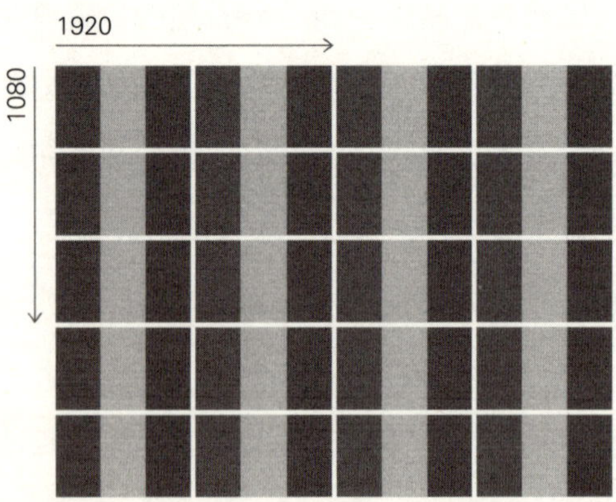

▲平面电视的像素组成。靠近看可以发现由小的方点组成

那么，若将相同画面创建为全息影像，会是什么样呢？由于全息影像可以进行 360° 观看，所以需要将 1920×1080 大小的透明屏幕电视连续拼合。只有这样，观看者才能从上下左右进行 360° 观看。

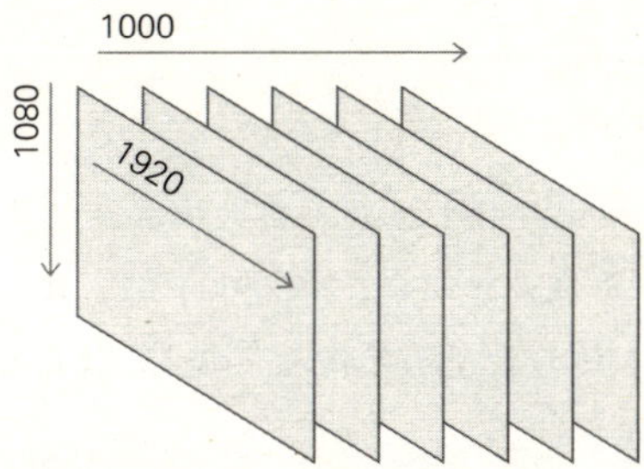

▲全息影像需要将透明屏幕按像素数进行拼贴，数据量极大

若连续拼贴在一起的电视有 1000 台，则可以显示 1920×1080×1000 个点，从而能够创建同等大小的全息影像。全高清电视只能显示 1920×1080 个点，即 2 073 600 个像素点。而要表现全息影像，则需要 1920×1080×1000 个点，是全高清电视的 1000 倍。

无论电视还是全息设备，数字影像都要先以计算机数据形式保存，然后再显示到画面。那么，将全高清电视与全息设备的数据存储到计算机时，要知道需要多少数据。

全高清电视画面可以显示 200 万个像素点。一个像素点表现颜色时，需要将红、绿、蓝等颜色混合。现在的电视可以表现 1600 万种颜色，若想将这些颜色存储为计算机数据，需要使用 24 位的数据。因此，要想在全高清电视中显示彩色静止画面，则需要 1920×1080×24 的数据。将其存储为计算机数据时，约需要 6 MB 空间。

全息影像拥有的像素数是全高清电视的1000倍，那么总数据量为 $1920 \times 1080 \times 1000 \times 24$，存储为计算机数据约为6 GB大小（$10^9$）。使用全息影像表现静止画面时，需要比4 GB USB内存更大的容量。

*** 位与字节**

计算机数据全部由0与1组成，其单位就是“位”。1位只能表现1个0或1，2位可以形成4种组合，比如00、01、10、11。只要不断扩大使用的位数，所能表达的数字就会越大。因此，使用时将几位“捆绑”在一起以形成更大的单位。

“字节”这个单位由8位组成，3字节就是24位。此外，还有比字节更大的单位，1024字节为1 KB，1024 KB为1 MB，1024 MB为1 GB。

另外，如果要制作一个30帧的视频，由于1 s就需要6（GB）×30的数据量，即共需要180 GB大小。目前，1 s内很难读取180 GB大小的数据量，也没有可以进行传输的线缆。

总之，目前尚未出现在空中显示影像的技术，海量数据的处理也很困难，所以现实中还无法做到像电影那样呈现全息影像。为此，相关人员一直在进行研究，相信不远的将来一定会出现非常实用的全息影像设备。

虽然画面很小，但麻省理工学院已经成功实现了彩色全息影像。现在，计算机中央处理器的计算能力越来越强，数据处理速度也越来越快。因此，相信在不远的将来，人们将可以使用全息影像进行视频通话或学习。

参考文献

《全息图：全立体影像技术展望》.PDF（韩国信息通信产业振兴院）

《全息图：文化技术（ICT）深层报告》（韩国内容产业振兴院，2011 年 12 月）

图片出处及版权

Oculus Rifts 照片：https://www3.oculus.com/en-us/blog/dk2s-now-shipping-new-0-4-0-sdk-beta-and-comic-con/

谷歌 Cardboard 照片：https://developers.google.com/cardboard/

运动捕获：www.e2box.co.kr（E2BOX），已获照片使用权许可

《星球大战》剧照：© 1997 Lucasfilm Ltd.

那么问题就来了……

Q. 应当将 Oculus Rifts 与全息影像视为不同领域吗？Oculus Rifts 中，全部空间图像都要进入人的眼睛，从技术上看，实现并非易事。请简单比较这两项技术。

A. 从提供虚拟现实空间层面看，Oculus Rifts 与全息影像的作用是相同的。

但二者不同之处在于，Oculus Rifts 以第一人称视角提供虚拟环境，而全息影像则以第三人称视角提供虚拟环境。

在 Oculus Rifts 中可以进行软移动，也可以变换视角，所以与全息影像相比，它拥有更高的自主性。但由于提供的是第一人称视角，所以无法与其他人共享。而全息影像虽然自主性较差，但可以与其他人同时观看，这是它与 Oculus Rifts 不同的地方。

Q. 本章提到，频率是运动一定时间后返回原位置的次数。计算机中也有"赫兹"（Hz）的概念，无线电中也有"赫兹"（Hz）的概念，它们之间有什么区别？

A. 事实上，计算机中的"赫兹"与无线电中的"赫兹"是同一概念，具有相同含义。

只是单位有所不同，让人误以为它们是不同的而已。计算机中使用的"赫兹"的单位一般为 GHz（吉赫），而无线电中使用的频率单位多为 MHz（兆赫）或 kHz（千赫）。由此可见，计算机处理信息时使用的频率非常快。直到最近计算机才开始使用 GHz 这一频率单位，20 年前所用的频率单位也是 MHz。

Q. 3D 电视、Oculus、全息影像技术之间是相互竞争的关系吗？比如，随着全息影像的普及，3D 电视会消失吗？

A. 这三种技术分别应用于不同领域，实现这三种技术的成本也不尽相同，它们可以提供给我们的功能级别也不一样。

正如普通产品可以分为高、中、低档一样，3D 电视、Oculus、全息影像等技术也有不同的应用领域。比如，MP3 产品曾经非常畅销，随着智能手机的出现，许多 MP3 播放器逐渐消失，但也不是完全销声匿迹，而是逐渐形成了自己独特的市场。

Q. 我们看到的颜色产生了光，这实在太神奇了。在非常暗的地方使用红外线望远镜只能看到物体的形态轮廓，其中原理也与光有关吗？

A. 对，是这样的。光谱中，可见光是指可以直接用肉眼看到的光，不可见光区域中还有红外线、紫外线、伽马射线等多种光线。

那么，红外线望远镜如何使人眼看到暗处的物体呢？红外线望远镜中，红外线并非直接通过镜片进入人眼，而是先被转换为人眼可见的光，这样人眼就能够看见发射红外光的物体了。大部分红外线眼镜呈现草绿色或灰色等特定颜色的原因如前所述，是因为将红外光转换为特定的可见光时所选的颜色为草绿色或灰色。

第4章

万物互联时代

- 01　谷歌之“贪”
- 02　Nest 温控器
- 03　万物互联时代

01 谷歌之“贪”

前苹果公司工程师们创办的 Nest Labs

谷歌斥 32 亿美元巨资收购了一家公司——Nest Labs，它由几名前苹果公司工程师共同创立。看到这则消息后，有人认为谷歌看重的不仅是其产品，更想聚拢一批人才。

要弄清谷歌收购 Nest Labs 的原因，必须先了解 Nest Labs 是一家什么样的公司，销售什么样的产品。从维基百科上查看 Nest Labs 可知，这家公司由前苹果工程师托尼·法德尔与马特·罗杰斯于 2010 年创办，两人均曾在苹果公司效力，都参与过 iPod 项目。也许正因如此，Nest Labs 的产品才与苹果公司的产品类似，设计简洁大方，操作简便。

Nest Labs 推出并销售智能温控器（Learning Thermostat）和智能感烟器（Smoke + Co ALARM）。由于韩国建筑的冷暖气系统是单独组成的，所以这款产品并不怎么适合韩国人使用。但它在美国却是一款非常有用的产品，虽然价格较高，却非常受消费者的欢迎。

Nest Labs 的智能温控器可以通过无线局域网连接到互联网，这使得用户外出时也可以远程调节室内温度。天冷回家时，由于一天都没开暖气，所以屋里比较冷，不能马上脱掉衣服。但如果开着暖气出门，又担心取暖费暴增。此时，在外面打开智能手机，提前调整好家里的温度，等回到家时屋内就会比较暖和。另外，由于 Nest Labs 的智能温控器可以连接到互联网，所以它也可以自行获取天气信息。因此，Nest Labs 智能温控器能够根据天气信息掌握室外温度，从而对室内温度进行相应调节。室外温度很低时，它将大幅调高温度，让室内暖和起来；而室外温度较高时，则自动调低室内温度，使室内更加舒适。

▲家中安装 Nest Labs 智能温控器后，在外面使用手机通过无线网络即可调节室内温度

Nest Labs 智能温控器的准确名称为“学习型温度调节装置”，这样称呼是有原因的。相信各位都有过这样的经历：室内温度较低时就

调高温度，而室内温度升上来时又觉得太热，需要再次调低温度。这是因为打开暖气一段时间后，人体无法敏感地觉察到室内温度上升。热的时候也是类似情形，即室内太热时打开空调，随后感觉室内太冷时，又要关闭空调，打开窗户。

Nest Labs 智能温控器能够有效掌控上述情形。比如，Nest Labs 智能温控器具备的学习能力可以使其根据外部天气而将温度调高，之后间隔一定时间再使温度上升，或者经过一定时间再次降温等。像这样，通过使用一周内温度调节的数据，Nest Labs 智能温控器就会知道如何准确调节到设定的温度。因此，Nest Labs 智能温控器能够高效调节温度而不会导致能源浪费。

对于谷歌为何要收购这家生产智能温控器的 Nest Labs 公司，坊间流传着许多说法。弄清收购原因前，我们有必要先简单了解谷歌是一家什么样的公司，它正在做什么样的事情。

谷歌真正关心的是物联网吗？

我们以前需要资料的时候，往往都会去图书馆查。但现在一般都会使用网络，通过 Naver、Daum、Google 等搜索引擎进行查找。韩国最大的两家搜索引擎为 Naver 与 Daum，而从世界范围看，Google 是最著名的搜索引擎，甚至出现了 Googling 这一专门用语，特指在 Google 上检索资料。

谷歌是一家跨国企业，主要经营多种软件产品。作为一家搜索引擎公司，谷歌闻名全球，其推出的 Android、Chrome OS 等操作系统也非常有名。三星推出的智能手机深受用户欢迎，其中运行的就是 Android 操作系统，所以其实可以视为是谷歌 Android 的成功。

苹果公司推出智能手机时一同发布了 iOS 操作系统，同时与专门从事软件开发的个人和企业一起开辟了 App Market。可以在 iOS 中使用的应用程序不断增加，iOS 也一度在智能手机操作系统市场中占据第一位。

与此同时，谷歌也推出了 Android 操作系统，但起初并未受到广泛关注。与苹果的 iOS 相比，Android 操作系统看上去运行较慢，可运行的应用程序也不多。但随着三星开始在其产品中采用 Android 系统，硬件为其提供了强有力的支持，使其如虎添翼。同时，除苹果公司外的其他大部分公司也开始采用 Android 操作系统。目前，采用 Android 操作系统的智能手机在数量上超过了采用 iOS 的苹果手机。

谷歌拥有从服务器到操作系统的多种软件产品，但迄今为止比较有名的硬件产品只有谷歌眼镜[①]与 Chromecast 电视棒[②]。虽然这两款产品很有名，但由于未能引领市场，也没有创造很多收益，所以说“它们是成功的硬件产品”为时尚早。因此，谷歌收购 Nest Labs 可能是为了进一步加强其在硬件技术领域中的实力。

大多数时候，谷歌都对其他公司没有成功或不曾尝试的产业先进行投资，培育后引领市场。因此，大家在谷歌服务中能够看到许多很

---

① http://www.google.com/glass/start/

② http://www.google.com/intl/ko/chrome/devices/chromecast/

棒的项目，比如无人驾驶汽车、谷歌眼镜以及 Android、Chrome OS 等操作系统。

从多个方面看，谷歌或苹果等大企业所做的各种尝试是非常有价值的。这么说并不是因为他们尝试的产品又新又好，而是因为他们能够开创其他公司无法主导的新市场，能够吸引其他企业一起参与，形成新的生态系统。

以谷歌眼镜为例。可穿戴设备的尝试由来已久，消费者对此也有需求，但一直没有一款像样的产品出现在市场上，已推出的产品也无法赢得人们的关注。后来，随着谷歌眼镜项目的启动，越来越多的人开始关注该领域，许多公司也纷纷推出自己的产品。不知不觉间，人们开始关注这些可随身携带的产品[①]。

因此，很多人都相信谷歌收购 Nest Labs 是有原因的，并且急切地想知道为什么。究其原因就是开拓并抢占未来市场，即物联网（IoT，Internet of Thing）乃至万联网（IoE，Internet of Everything）市场。

物联网或万联网是指所有物品与数据都连接到互联网。物品连接到互联网时，即可自己获取所需的数据，从而在人类生活空间中提供帮助。比如，Nest Labs 智能温控器可以连接到互联网，用户在户外也可以通过智能手机控制，就像直接在其上触控调整温度一样。

---

① 可穿戴设备

▲所有物品都连接到互联网并交换数据，这就是正在到来的物联网时代

就在不久前，人们还无法根据谷歌收购 Nest Labs 这一举动百分之百地断定其在为进入物联网市场做准备。最近，Nest Labs 收购了一家研发家用相机的公司，用户通过该相机可以在外面查看家中情况。从这则新闻可以基本断定，谷歌正在积极谋划进入物联网市场。

从目前的情形看，谷歌在一定程度上已经具备引领物联网市场的最优条件。因为构建物联网系统时必须对数据进行管控，所以需要类似于管理员的软件。谷歌在管理服务器与软件方面已经具备最强优势，现在再与 Nest Labs 这类优秀的硬件公司合作，这就同时具备了良好的软硬件条件。

韩国也有跨国企业，对于正在到来的物联网浪潮，三星与 LG 不会只做旁观者。从 CES 2014 展示的一系列产品可以看出，它们一直在为物联网领域的业务做着积极的准备。与其他企业相比，这两家企业都拥有制造多种产品的技术实力，比如洗衣机、电视、冰箱、扫地机器人、手机等，所以准备过程会更轻松。

但与谷歌、苹果这类企业相比，它们自身还有不足。先不说三星和 LG 的硬件实力是否够强，二者至少在软件领域依然比较薄弱。不过我认为，韩国企业能够快速响应市场，为正在到来的物联网时代做好充分的准备。

⑫ Nest 温控器

会学习的温控器

Nest 温控器是美国最畅销的产品之一，但令人遗憾的是，它无法在韩国使用。原因在于这款产品是针对美国和加拿大市场制造的，这两个国家的供暖系统结构与韩国不同。目前，Nest 温控器已经推出了第三代产品，以后还会陆续推出第四代、第五代产品，届时可能在韩国也可以使用。

与其他国家相比，在韩国过冬要暖和一些，这是因为韩国采用地热供暖系统。地板下铺设着大量热水管道，热水流经这些管道时，房间的地面就会被加热，室内温度就会升高。因此，所有铺设地暖管道的房间都会变得很暖和，房间中的大部分地方都有地暖管道经过。

与此不同，其他国家大多使用空调与电热器等调温设备。这些调温设备一般都通过流动的空气调节室内温度。要升高温度时产生热风，反之通过凉风降低温度。暖风无法吹到的地方，则一般使用取暖器。家人聚集的客厅里使用壁炉取暖，电影中有时会出现一家人围坐在壁炉前的场景。

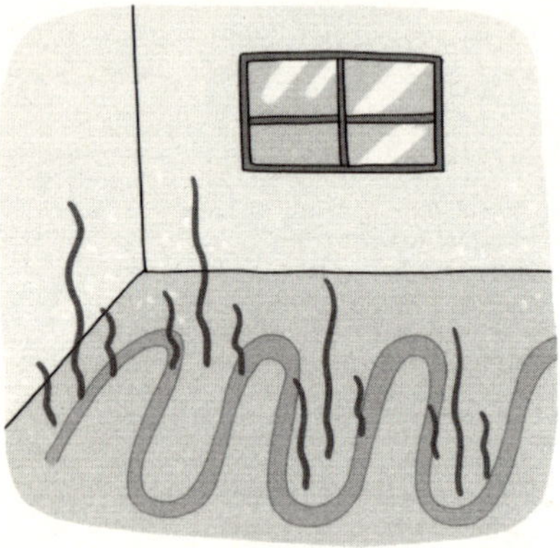

▲韩式供暖通过地板下铺设的管道调节温度，而美式供暖则利用供暖和制冷设备

美国与加拿大等地使用的冷暖设备集升温与降温功能于一身，通过同一调节器即可调节温度。并且，冷暖设备的调节方法有既定标准[①]，只要温度调节装置遵循该标准，无论什么样的冷暖设备，用户都能轻松使用。Nest 温控器制造时遵循该标准，用户可以拆除原来的温度调节器，直接安装并使用 Nest 温控器。

Nest 温控器内置无线局域网，可以通过无线连接互联网。外出时，用户可以通过智能手机等终端连接互联网，从而对 Nest 温控器进行调控。由于 Nest 温控器可以连接至互联网，所以用户即使在寒冷的天气外出也能启动供暖设备，使其提高室内温度，这样回来时家里就会变得很暖和。

其他产品也支持用户在外出时远程调节温度，但与这些产品相比，

① 美国标准为 American Standard Heating&Air Conditioning。

Nest 温控器的设计更漂亮，也更加智能。此处所说的“智能”是指Nest 温控器能够进行自主学习，以更好地调节温度。Nest 温控器能够保存一周内温度调节的数据，灵活运用这些数据以及从互联网上获取的外部天气数据，即可掌握调温幅度与实际室温变化的关系。Nest 温控器不断分析、学习调节的温度，一段时间后就可以在无人工干预的情形下自动调温。因此，更准确地说，Nest 温控器应该称为“Nest 学习型温度调节器”。

如前所述，Nest 温控器是一款针对欧美市场推出的产品，其结构并不适用于韩国。我们从其在美国的安装方法开始了解具体在哪些方面有所不同。

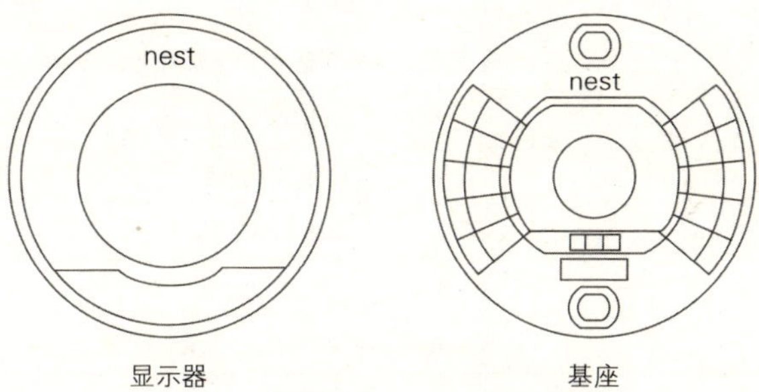

▲Nest 温控器需要的基座与显示器

安装 Nest 温控器时，可以直接用其取代原来使用的温度调节装置。Nest 温控器大致由基座与显示器两部分组成，基座是一个连接器，温控器内使用电线连接其上；显示器与基座连接在一起，用于显示温度调节等相关信息。

美国与韩国类似，调温装置安装于墙面上，相关的调节控制线路从墙内引出。只要遵循美国的冷暖系统标准，连接温控器的电线会根据冷暖设备控制对象的不同而显现不同颜色。因此，将原有温控器从墙面上卸下时，可以看到多种不同颜色的电线。安装 Nest 温控器时，最终要将这些不同颜色的电线连接到 Nest 温控器的基座。

观察 Nest 温控器的基座可以看到，其上标有多个英文字母符号，如下图所示。不同字母符号表示不同控制接口，其作用类似于连接线上所涂的颜色。Nest 温控器中使用的符号如下表所示。

符　号	含　义
Y1	启动低水平制冷
Y2	启动高水平制冷
G	启动风机
OB	在使用热泵的系统中用于加热与制冷
Rc	制冷电源 24 V
W1	启动低水平制热
W2/AUX	启动高水平制热
C	24 V Common
*	选择最高级别制热、加湿、除湿
Rh	制热电源 24 V

Nest 温控器采用 24 V 电源，所以只要从制冷 24 V 电或制热 24 V 电中选择一个用于供电即可。若想将制冷系统与制热系统单独分开，只需分别连接。

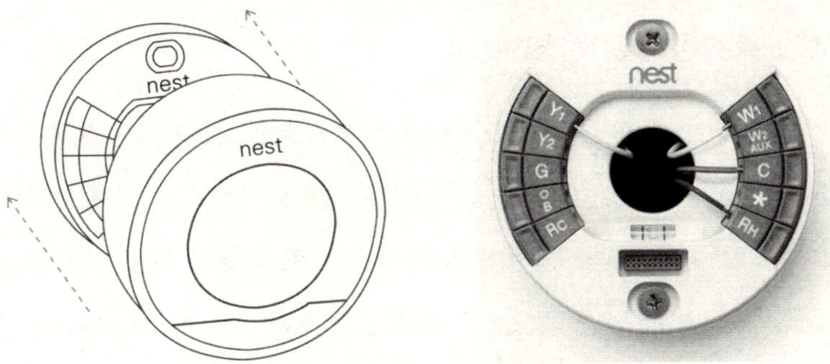

▲Nest 温控器安装图与控制线连接图

温度调节由其余连接线控制。制热控制线与制冷控制线单独分开，通过反复开关相应控制线调节温度。比如，在寒冷的天气里打开制热控制线，温控器开始向室内吹暖风；而炎热时打开制冷控制线，则送出凉爽的风。

温度调节连线并非只有一根，而有多根，其调节级别不同。一般美式的冷暖机仅支持“开 / 关”，但有些产品将调节级别细分为二级乃至三级。级别越低，越可以用较低温度进行控制，这样能够大大提高能源利用率[①]。此外，Nest 基座上有一个标识为 * 的连接端口，它从第二代温控器才开始出现。

安装 Nest 温控器后，用户可以对其进行设置，自行指定用途。经过简单设置后，即可用于控制加湿机、除湿机等设备。

① http://support.nest.com/article/What-is-a-multistage-system

Nest 在韩国可能获得成功吗?

韩国家庭采暖并不使用热风，而是采用地暖系统。与通过空气调节温度的美国不同，韩国的制热与制冷系统是分开的，系统结构更复杂。因此，在韩国安装 Nest 温控器并不像在美国那样容易，也没有 Nest 温控器采用的 24 V 电源。下面讲解韩国的冷暖系统结构。

韩国的供暖系统中，热水在房间地板下铺设的管道中流动，借助散发的热量使房间升温。这种供热方式大致分为两种，一种通过家中的热水器对水进行加热，另一种则先集中加热水，然后输送到每家每户。

第一种供热方式下，用户自己家中安装燃气或燃油热水器，以此对水进行加热。而第二种供热方式下，输送给用户的热水来自当地供热公司或小区内的中央供热中心。

第一种分散式供热方式下，管道均匀铺设于各个房间，通过这些管道供给热水。凉水经过热水器加热后首先流经软管，然后通过软管流入各个房间连接的管道。由于连接热水器的软管只有一根，所以流入各管道的热水温度都是一样的。这样一来，有的房间太热，而有的房间又太冷。

有时，人们为了调节温度而会在墙壁上安装温度调节器。另一种方法是在连接各个房间的管道上安装可以控制水量的阀门，通过控制阀门以控制水量，但准确控制水量并非易事。

第二种集中式供热方式下，热水通过管道从供热中心进入千家万户。由于水是先在供热中心集中加热然后再输送到各个家庭的，所以比分散式供热方式价格更低廉。与分散式供热一样，为了使热水流经各个房间，也要在各个房间铺设管道。集中式供热方式下，每个用户家中并不需要安装热水器，热水直接从供热中心输送到各家各户。水在输送到用户家中前已经被充分加热，通过安装在用户家中的温度调节装置可以调节输送的水量。即通过连接在各个软管上的阀门调节输送的水量，最终达到调节室内温度的目的。

上述这种韩式冷暖系统很难应用 Nest 智能温控器，但也不是完全没有方法，已经有人成功尝试了。Nest Labs 被谷歌收购后，频频出现在新闻报道中，其生产的智能温控器得到人们的广泛关注。同时，新闻也大量报道了很多成功安装 Nest 智能温控器的家庭用户。

目前，Nest 智能温控器还无法在韩国使用。但现在是万物连接互联网的时代，许多热水器厂商开始参与到这场运动中来，纷纷推出了可以远程操控的热水器产品，比如 Navien 热水器。随着可连接互联网的热水器的不断推出，相信韩国市场上很快就会出现支持使用 Nest 智能温控器的产品，或者拥有相似功能的产品。

我之所以这样肯定是因为，“节约能源”的社会共识也起到了积极的促进作用。韩国国土面积狭小，石油、天然气等能源匮乏，大部分需要依赖进口。因此，政府现在大力提倡节能，提高能源利用率。

然而，我们并不是因为能源是进口的才提倡节能。现在世界各国都在大力推行节能减排，因为全球能源正变得越来越少。专家预测未来可能出现能源危机，导致石油价格大幅提高，由此引发物价不断上涨。与此同时，人们也在积极寻求新能源，比如太阳能、风能、水能等。

在此趋势带动下，各家各户也在努力节约能源，人们也一直在寻求能源利用率更高、更节能的产品。目前，Nest 智能温控器等产品虽然还无法在韩国使用，但相信类似的产品很快就会出现在韩国市场上。使用这样的产品不仅能够节约能源，也大大方便了人们的生活。

很多人一直在追求节能与生活的便利，这大大推动了物联网市场的形成。为了顺应这一潮流，谷歌收购了 Nest Labs 和其他物联网相关公司，以引领物联网市场的发展。这种情形下，我们必须明白哪些领域可以应用物联网，以及会出现哪些新的业务领域。下一节将介绍物联网会给我们的生活带来怎样的影响。

03 万物互联时代

物品智能化

金先生看了电视节目中美味的泡菜汤后，打算晚饭也做泡菜汤。晚饭时分，他按照电视节目中提示的制作步骤，向锅里加入适当的泡菜和水，然后打开火开始煮。金先生等待的过程中突然接到一个平时不怎么联系的朋友的电话，朋友约他出去一起喝啤酒。金先生非常高兴，匆忙出了门。

但赶往与朋友约好的地点的过程中，金先生脑门上突然冒出冷汗。原来，煤气灶上还煮着泡菜汤，出门时忘记关火了。由于怕引发火灾，他想给隔壁邻居打个电话，请邻居帮忙关掉煤气。但遗憾的是，隔壁邻居也不在家。无奈之下，金先生只好折返回来，关掉煤气后再次出门赴约。

下面是另一个场景。

崔先生正在为和女朋友一起吃晚饭的事而苦恼，他不知道该做什么菜。天色阴沉，崔先生觉得可以做个煎饼。于是他打开煤气灶，认真地和起面来。这时，外面突然开始下起雨来。女朋友正在来的路上，他开始担心女朋友有没有带伞。于是，崔先生给女朋友打了一个电话，女朋友果然没有带雨伞。崔先生抓起雨伞就朝公交站点奔去。途中，“叮～铃～～”一声，他收到一条信息。这条信息来自煤气灶，内容为：“家里好像没人，煤气灶一直开着。当前温度接近100℃。”他仔细一想：“对啊，用来做煎饼的平底锅还在煤气灶上呢。”然后向煤气灶发了一条信息：“关掉煤气灶。”随后，煤气灶回复：“煤气灶已成功关闭。”

最近，各国政府和很多跨国大企业都对物联网乃至万联网表现出强烈的关注。智能手机市场已经饱和的情况下，物联网与万联网是两个巨大的新兴市场。仅从数量看，物联网市场中使用的设备数量已经远远超过智能手机的数量。因为即使地球上每个人都拥有一部智能手机，全世界智能手机的数量也不会超过人口数量，但物联网领域中使用的设备数量会远大于智能手机数量。

从根本上说，物联网与万联网的概念是相似的，基本都是指物品（冰箱、玩具、煤气灶等我们使用的物品）之间相互通信，这称为M2M（Machine to Machine，机器对机器）。但M2M是家庭或工厂中的狭义概念，而物联网的含义则更为宽泛，它扩展到了互联网。在物联网时代，物品可以连接到互联网，用户可以远程操控。

▲每个人都有一部智能手机，而物联网设备种类繁多，比如汽车、淋浴器、电灯泡、腕表等。相应地，其市场潜力也非常大

那么，万联网是什么呢？其实，很多朋友无法准确区分物联网与万联网。因为人们正在积极地为物联网时代做准备时，其含义也在进一步扩展。物联网由前面提及的 M2M 扩展而来，从机器对机器发展到机器连接互联网。这一过程中，传感器性能不断提升，机器开始装配传感器，由此出现了许多基于数据分析的服务。因此，为了将简单的 M2M 与扩展到互联网的通信区分开来，也有人将其称为万联网。

比如，如果在外面看到家中的煤气灶开着，并且能够远程将其关闭，则可以视为物联网；如果煤气灶能够自己从家里的其他设备获取“家中无人”的数据，向房主发送当前温度数据并发出警告，那么就是万联网。

▲万联网时代，家中设备相互“交谈”并各自行动

物品智能化带给我们的意义

物品自己获取并灵活运用数据究竟对人类的生活有什么意义，以至于很多企业积极投资呢？如果说只是简单地进行远程控制、开 / 关设备，那么三星和 LG 从很久以前就已经开始这样做了，结果却遭到了用户的冷遇。

像物联网与万联网一样，人们很久以前就开始关注对设备的控制。当时使用“家庭自动化”（Home automation）一词表示对家中设备进行控制。由于当时的控制方法并不方便，还存在外部连接方式等一系列问题，所以最终未能普及。

然而，随着智能手机的流行，普通人只需一部手机即可自由连接互联网。借助无线局域网与蓝牙等技术，用户可以轻松连接家中网络。同时，许多设备也能很便捷地连接到互联网。这样，用户在外面也能很容易地与家中设备实现连接，进而实施控制。

物联网的出现并非仅仅源于人们对通过互联网控制家中设备的渴望，还有一些其他原因，比如为了提高能源利用率。以谷歌收购的 Nest Labs 公司的智能温控器为例，用户在外面使用智能手机可以连接温控器，并对其进行操控，从而调整室内温度。Nest 智能温控器还可以自行判断并调整室内温度，此时需要从互联网上获取天气信息，用作温度调节的判断标准。与无计划地调整温度相比，参考外部天气以调整室内温度可以消耗更少的能源，从而达到节约能源的目的。

▲物联网设备可以自行运转，既节约能源，又绿色环保

物联网时代的一项服务可以帮助人们安全回家。昏暗的小巷是犯罪高发地，可以在那里安装能够感知人的传感器。如果有女性独自走进小巷，巷子里的传感器就能感知到并将该信息通知周围设备。巷子里的路灯会跟随女性脚步依次点亮，监控摄像头也会启动工作。巷尾有人时，智能手机就会收到相应信息，告知在巷子里行走的女性。

另一项服务是健康管理。比如，糖尿病人必须调整自己的饮食，控制血糖。血糖不足时，冰箱会获得信息。患者从冰箱中取水时，冰箱就会发出提醒，告知其要补充糖分，摄取糖分的结果也会分享给其他设备。

糖尿病人步行时因血糖不足而晕倒后，智能手机和其他设备都能得到血糖不足的信息，智能手机会以声音形式告知路人“此人血糖不足”，或者自动拨打急救电话。这样一来，路人听到智能手机呼救时就会帮忙施救，同时也能很快得到急救。

▲物联网应用示例：传感器启动，发现有人晕倒，急救中心监视器上出现XXX位置的“1层楼梯处有患者”的警告信息

物联网时代的类似服务将为普通人提供很多帮助，但物品连接互联网并非只有优点。近来，计算机连接到互联网后，我们可以与陌生人建立连接并传输数据。此过程中可能产生计算机安全问题，比如在用户不知情的情况下，计算机被其他人控制或者个人信息被盗。智能手机连接到网络上也可能发生类似的安全问题，比如手机遭到黑客攻击后，通讯录被他人窃取或者银行中的存款被转移等。这种因连接互联网而遭受损失的事情同样也会发生在物品连接互联网的物联网时代，而且其危害性比计算机和智能手机更严重。比如，可以远程控制的煤气灶或烤箱被黑客攻击后，黑客就可以随意打开或关闭，这样很有可能引发火灾等严重问题。此外，还有可能使暖炉或用电设备产生超负荷运转，从而引发严重事故。

物联网时代，安全是个非常重要的因素，所以安全市场十分巨大。管理数据的服务器或管理家庭网络的服务器企业也将推出一系列注重安全性的产品。

计算机或智能手机的安全问题由来已久，现在也是人们热议的话题，所以防御技术才能不断进步。因此，人们并不会因为担心安全问题而不使用计算机或智能手机，只是更加谨慎而已。

另外，人们根本无法拒绝借助计算机或智能手机访问互联网而体会到的便利。通过互联网，我们可以不用去银行而直接在网上办理业务，也可以很方便地在网上购物。人们不会因为担心安全问题而拒绝这样的便利。

我们更注重的是网络安全问题。物品连接到互联网将会给人们的生活带来更多便利，也会产生更多优质服务。意识到安全问题非常重要后，各国政府与企业正在加紧研究相应对策。

韩国政府认为，物联网市场是促进韩国发展的众多市场之一。并发表声明称，将集中精力培养该市场[①]。声明中提到，至 2020 年，韩国国内物联网市场规模将达到约 260 亿美元。韩国政府要求安全企业积极参与，从一开始就努力解决安全问题。

最后，物联网时代还要考虑个人隐私问题，它也可能与安全问题息息相关。物联网时代的物品通常都具备人物识别功能，物品可以自己收发数据并提供服务，所以能够记录某人的位置信息。

那么，这些数据就有可能被用于收集个人信息，从而涉及个人隐私问题。此外，政府机关也可以通过这些信息对某个人进行跟踪定位，与我们经常在间谍片中看到的一样。这个问题就像双刃剑，可以在提高社会安全性的同时导致其他问题。

本章大致讲解了物联网时代可能会有的服务以及目前存在的服务。由于物联网或万联网时代还没有全面到来，整个社会正处于准备状态，所以本章只能简要介绍。虽然没有人能够预料将来会出现什么样的服务，推出什么样的产品，但我希望本章内容有助于各位了解物联网或万联网的结构。

---

① http://www.etnews.com/20140402000143，韩国《ETNEWS》2014.04.02。

参考文献

《文化技术（ICT）深度报告》（韩国内容产业振兴院，2011 年 12 月）

图片出处及版权

那么问题就来了……

Q.“物联网”这一概念是谁定义的？如何定义的？

A. 对于“物联网”的定义，每个人都不同。

有些人认为“物联网”的含义相当宽泛，它连接所有物品；有人认为它与软件分离，也有人称其为“万联网”。

“物联网”这一概念最早出自凯文·阿什顿（Kevin Ashton）教授1999年发表在RFID期刊上的文章。当时，物联网的关键技术有RFID、NFC、M2M等，在这些技术基础上进一步扩展，便形成了今天的物联网。

Q. 如果物联网、万联网的概念是指连接所有物品，那么除Nest Labs外，谷歌还要收购其他不计其数的公司，不是吗？

A. 这么说既对，也不对。谷歌收购Nest Labs公司后，Nest Labs公司收购了一家生产监视摄像机的公司，其产品主要帮助用户监视家中情况，还可以与其他产品连接。但这桩收购并不是谷歌直接进行的。虽然不知道其中的原因是什么，但从谷歌迄今为止的一系列动作看，它不会直接生产家庭设备，而是提供设备运转平台或系统集成服务等。

Q. Web 2.0掀起了一股新的创业浪潮，物联网具有相似或更多的能量吗？

A. 任何人都无法对此展开预测，但有一点可以确定，许多企业都已经开始涉足物联网领域。虽然这些企业开始是生产硬件产品的，但就像智能手机市场中的硬件会受到限制一样，物联网领域中的硬件可能也会受限。但与智能手机不同，可能会出现不计其数的服务连接到物联网网络。若物联网市场按照目前的形势继续发展，硬件就会越来越多，软件领域中的投资也会增多，这种浪潮应该会比 Web 2.0 时更大吧?

Q. 从某种意义上说，物联网与万联网好像只是涵盖的范围有所不同。随着万联网的盛行，“物联网”会自然而然地消失吗?

A. 目前仍有许多人无法明确区分物联网与万联网。有些人谈论物联网时会将其与万联网混为一谈，也有人认为物联网网络中的硬件部分很多，在此基础上添加相应软件便形成了万联网网络。虽然现在还无法明确区分物联网与万联网，但与硬件连接的软件服务成为重要因素。因此，虽然不知道即将到来的是物联网还是万联网时代，但我认为所用称呼必是其中之一。

Q. 物联网与万联网时代，原有制造业会对软件进行业务外包，交由其他企业进行开发吗?

A. 物联网要成长为大市场，必须实施标准化与安全管理。由于设备之间要连接并交换信息，还需要与外部连接，所以保证安全是十分重要的。

实施标准化后，无论软件还是硬件，设备之间的连接状态都会变得更好。这样一来，只要遵循公认的标准，谁都可以参与其中。也就是说，软件企业并不是通过做外包间接参与，而是亲自进入物联网市场。

而开发出优秀的软件后，硬件也会参与其中。随着软件与硬件的加入，物联网市场必然会变大，也会涌现各种各样的服务。

Q. 物联网的标准化工作进展如何?

A. 由于物联网并不局限于某个国家，而是可以供全世界使用，所以各个国家通过相互协作以实施标准化。很多企业都在相互结盟以制定相应标准，其中最具代表性的有 Thread Group、AllSeen 联盟、M2M 联盟等。但由于物联网才兴起不久，截至 2014 年 8 月，只有 M2M 联盟发布了标准。

物联网市场相当广阔，参与企业众多，涉及各种技术，出现许多企业联盟。即使各联盟推出不同标准，最终标准的确定也需要耗费相当长的时间。就像蓝牙技术刚推出时有很多问题一样，物联网推行时也会走许多弯路，经过不断改善才能逐渐走向成熟。

第 5 章

3D打印时代

- 01 好看才好卖
- 02 我也做做看?
- 03 3D 打印拥有无限可能

⓪① 好看才好卖

没有永恒不变的设计

设计是用户选择产品时考虑的要素之一。具有相同功能的产品，设计得越漂亮、越有新意，就越能得到用户的青睐。因此，各大企业纷纷雇佣专业设计师，成立专门的设计部门，最具代表性的就是苹果公司。人们喜欢苹果公司的产品不仅因为其优越的性能，还因为它们拥有漂亮的设计。

然而，产品制造过程中，设计也有可能是面临的众多难题之一。设计中有些部分是共通的，所有人都喜欢，而有些部分则会依据人们的不同取向而有所不同。

比如，有些人喜欢小巧精致的设计，另外一些人则喜欢大而结实的风格。随着时间的推移，人们的喜好也会发生变化，所以这世上并不存在能够永远得到人们喜爱的设计。

公司策划某款新产品时会进行大量调查研究，产品设计部门也会通过调查把握最新设计趋势，以设计方便用户使用的产品。即使这样，最终的设计也并不能得到所有人的喜欢，所以最明智的选择是采用大部分人可能喜欢的设计。

▲每个人喜欢的设计不同，没有一个设计能够永远得到人们的喜爱

此外，设计也会受到产品上市时间的影响。我们会以为某种设计可能流行而开始制作商品，但将其推入市场后，有可能人们已经厌倦了这种设计。

要做出好的设计并非易事，可能会受到各种不确定因素的影响，但也并非没有方法可循。

各位可能都听说过优衣库、ZARA、H&M这些品牌，我们从中可能找到答案。就这些企业而言，从产品设计到销售的一系列过程都在公司内部进行。

由于产品的所有环节都由自身完成，所以业务处理速度非常快，产品流通环节少，价格也比较低廉。与此同时，这些公司的产品受到人们青睐的另一个原因就是其漂亮的设计。

流通环节越少，业务处理速度就越快，产品推向市场时，就越能积极反映消费者的需求与流行趋势。这样一来，与其他产品相比，会有更多人称赞其设计好、外观漂亮，也就能够得到更多人的喜爱。

那么，在非服饰类的电子产品世界中，设计又有什么意义呢？为了回答这一问题，先要从电子产品是什么谈起。简单地说，电子产品就是将拥有某些动作功能的芯片与部件集中整合在一起的设备。

这些芯片与部件的尺寸是固定的，设计时必须为它们留出足够空间，以使其能够正常工作。为这些芯片和部件留出所需空间后，才能进行防护与美观方面的设计。由此可见，设计产品时不能一味考虑美观，还必须充分考虑组成部件的尺寸以及要实现的功能等。

设计完成后还有一个问题，就是产品的外壳从设计到形成实物需要花费很多成本与时间。市面上销售的产品外壳都是在工厂中批量生产的，生产时需要使用相应的金属模具，向模具注入塑料等材料以形成所需的形状。

金属模具由钢材制成且不易加工，导致制作成本不菲。另外，制作金属模具也要花费很长时间。若与原先设计的颜色有差异，则需要重新调整。若制造的实物与设计时的感觉不同，还有可能需要再次修改模具。

▲制造产品时需要先设计再制作模具，然后进行修整

因此，实际制造产品前，为了节约时间并验证设计，常常采用快速成型（mock-up）技术①。使用塑料等材料，通过切割或粘贴等工序，制作产品模型。制造实际产品前，通常需要先制作产品的实体模型。由于快速成型过程中要用到 CAD 设计以及手工制作，所以一般都会委托给专业的快速成型公司。此外，产品实体模型的制作费用不低，这一点也要考虑。

最近，人们在产品面世前都会投入大量时间改进设计。各企业间的设计竞争相当激烈，拥有更好设计的产品层出不穷。与此同时，消费者喜欢的设计也在迅速发生变化。因此，只有尽快确定产品上市日

① 临时加工模型

期与设计，才有机会获得消费者的认可与喜爱。为此，必须快速做出产品原型，以进行测试与验证。

为了快速做出产品原型，既可以使用已有的快速成型技术，也可以使用 3D 打印技术。最近，越来越多的公司开始使用 3D 打印机以快速制作产品原型。3D 打印技术由来已久，人们在一直使用，但并不像现在这样普及。目前，3D 打印机逐步走向小型化，占用的空间比以前更小，打印成本比使用快速成型技术更低廉。因此，许多企业都在计划购买 3D 打印机，还有些企业已经购买并投入实际工作。

虽然 3D 打印技术由来已久

我曾经亲身经历过一件与 3D 打印机有关的事情。当时，我所在公司与外国公司有合作项目，需要一个固定产品的器具。于是，我们指派三四个人花了几天时间进行作业，包括组装与连线等工作。当然，那家与我们合作的公司也同样需要这种器具，但他们公司使用自己的 3D 打印机就轻松搞定了，而且是一个人做了几个，就连大小、长度等都非常准确。从投入的人力、成本、时间来看，显然使用 3D 打印机更经济实惠。

随着 3D 打印机逐渐小型化，其价格也越来越便宜，相信普通人也很快就能拥有并轻松使用。正如简单易用的打印机进入普通家庭取代纸质印刷一样，相信 3D 打印机很快也会进入千家万户。用户可以用它打印自己设计的物品，或者像委托印刷企业一样，将自己的设计委托给专业的 3D 打印公司进行打印。

▲先使用电脑设计星形物体，然后传到 3D 打印机进行打印，再查看设计效果。只要有使用电脑设计的 3D 文件，就能通过 3D 打印机打印，直接查看设计效果

比如，如果想和别人用不一样的手机壳，可以自己设计，然后使用家中的 3D 打印机打印，或者委托给专业的 3D 打印公司进行打印。并且，自己设计的手机壳也可以分享给其他人。

刚开始提到 3D 打印机时，人们最期待的是使用它打印个人物品。其中最常谈论的话题是定制鞋，以及采用自己喜欢的设计、尺寸等制作个性化手机壳、衣服。由此可见，现在是个重视个性化的时代。

随着 3D 打印机生产企业的竞争越来越激烈，3D 打印机的价格会越来越低廉。这样一来，3D 打印机就会像纸张打印机一样进入普通人家。但是，3D 打印机种类繁多，质量参差不齐，如果盲目购买使用，结果可能令人失望。

我们当前有必要了解 3D 打印机的使用方法及其工作原理，相关内容将在下一节进行讲解。

⓪② 我也做做看？

3D 打印可以制作一切

我家有一台好几年没用过的音响，过去常常用来听歌、看电影，音质非常棒。后来它的音量调节旋钮坏掉了，无法调节音量大小。这么一个坏掉的塑料旋钮就导致整个音响不能再使用了。不过，幸运的是家里有一台 3D 打印机。于是我上网搜了一下，想看看音响制造公司是否提供音量旋钮的建模数据[①]，后来果然找到了。由于建模数据中包含音量旋钮的尺寸、形态等数据，所以可以使用建模数据制作与原来一模一样的旋钮。因此，我先从网上下载音量旋钮的建模数据，然后使用家中的 3D 打印机将其打印出来。将音量旋钮打印好后安装到音响上，大小正合适，于是又可以轻松调节音量了。要是重新购买一台音响会花费很多钱，幸好有 3D 打印机，只要很少的钱就可以修好音响。

① 通过建模数据，电脑或电子设备可以识别物品的形态结构。

▲下载音量旋钮的 3D 建模数据后，使用 3D 打印机即可轻松打印与原来一模一样的音量旋钮

其实，我家的确有台坏掉的音响，但是没有 3D 打印机。而只要购买一台 3D 打印机，上面的故事情节立马就能变为现实。家里如果有一台 3D 打印机，那么就可以轻松制作坏掉的玩具轮子、家具底座、钥匙环等，且制作成本非常低廉。

从网上可以轻松浏览到 3D 打印机的图片，其外形类似于路边的抓娃娃机。抓娃娃机拥有一个可左右移动的机械臂，用于抓取物品。同样，3D 打印机也有一个可以前后左右移动的打印头，用于打印所需物品的形状。不同的是，抓娃娃机工作时，机械臂会移动到用户指定的位置并抓取娃娃；而 3D 打印机工作时，打印头先移动到指定位置，然后通过一层层地堆积材料以制造物体。

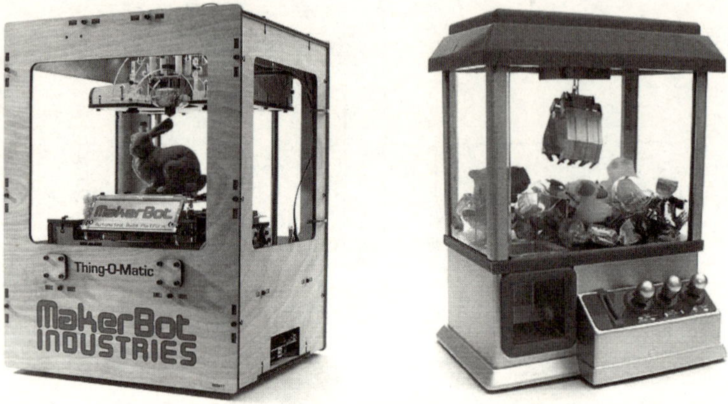

▲3D 打印机与抓娃娃机拥有相似的移动结构

3D 打印技术又称增材制造（additive manufacturing）技术[①]，该技术通过一层层地堆积材料以制造物体，与金字塔的建造方式非常类似。

查看有关金字塔的建造资料可知，金字塔是从最底层开始建造的。先砌好最底层的石料，打好塔基，然后向上逐层堆砌石块。这样逐层堆砌的石块可以承担上层石块的重量，最终形成锥形的金字塔。

3D 打印机打印物体的方式类似于建造金字塔，即先选择要使用的材料，再逐层堆砌，最终得到要打印的物体。因此，物体尺寸越大，耗费的时间就越长。

---

① 维基百科：http://en.wikipedia.org/wiki/3D_printing#cite_note-engineer-1

▲像建造金字塔一样，打印机从底层开始逐层打印物体

根据所用材料的不同，使用 3D 打印机可以打印玩具、医疗辅助工具、枪支等。其中，塑料是最便宜的材料，也是目前使用最多的材料之一。

根据所用材料，3D 打印机可以做很多事。详细内容将在下一节讲解，本节只讲解 3D 打印机本身。

3D 打印机的工作方式大致可分为如下 4 种。

1）熔融沉积制造方式

2）分层实体制造方式

3）液体固化成型方式

4）固体粉末烧结方式

采用熔融沉积制造方式（FDM，Fused Deposition Modeling）的3D打印机价格非常低廉且最为常见，其结构大致由材料供给部件、打印喷头以及机体框架组成，其中材料供给部件提供打印时要使用的塑料材料，打印喷头用于熔化塑料纤维丝，机体框架则支撑整个设备，为打印喷头提供移动与固定支持。

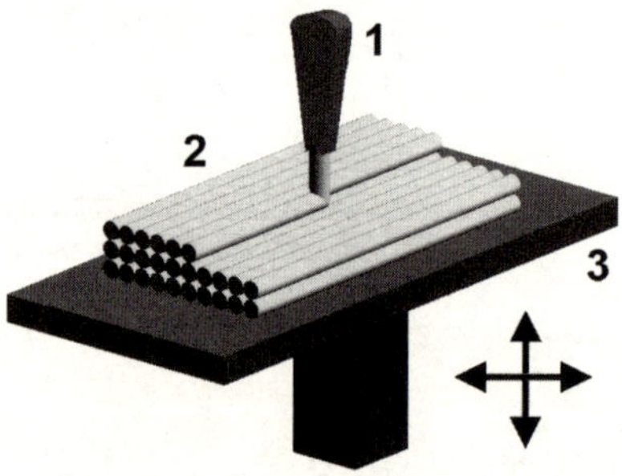

▲FDM 打印机结构

塑料纤维丝是塑料经过初步加工形成的细丝。塑料是一种易熔化材料，在高温作用下很容易熔化。为了逐层堆叠塑料，首先要将其熔化，所以需要能够产生高温的打印头。

打印头通过高温将塑料熔化后，喷到所需的位置上。喷放熔化的塑料的同时，也要将塑料凝结固化，否则熔化的塑料很容易流到旁边。因此，打印头的一旁通常会同时带有风扇，用于降温。

FDM 方式就是这样，先熔化塑料纤维丝，然后喷到所需的位置，同时通过风扇使液态塑料凝结固化。这种方式需要的材料价格较低廉，驱动方式也比较简单，所以很受欢迎。但该方式在结构上有些不足，这与使用的电机有关。

大部分打印喷头借助电机移动，由于电机本来精度就不高，所以采用 FDM 方式的 3D 打印机虽然便宜一些，但其精度要比采用其他方式的打印机低。

与 FDM 方式不同，分层实体制造（LOM，Laminated Object Manufacturing）方式以片材为原材料，切割完一层后，送料机叠加新的一层，与切割层粘合在一起，然后再进行切割。这样一层层地切割、粘合，最终形成所需要的模型。这一过程类似于制作三明治，将已经准备好的材料逐层叠加、切割，最终形成成品。

LOM 方式采用纸片、塑料等易于激光切割的材料，这些材料是以薄片形式存在的，方便逐层叠加。每粘贴好一层，就使用激光等装置将不需要的部分切割掉。

LOM 工艺方式的优点是其使用纸片等价格低廉的材料，所以采用这种工艺的 3D 打印机也称为纸片 3D 打印机（Paper 3D Printer）。另一个优点是采用激光制作，这使其拥有更高的加工精度。正是由于这种打印机使用了激光，所以其价格也比较昂贵。此外，采用 LOM 工艺的 3D 打印机并非将材料打印喷出到指定位置，而是采用纸片、金属等材料进行分层切割并粘贴成型，所以会浪费材料。

此外，3D 打印机还采用液体固化成型方式（SLA，Stereolithography Apparatus；DLP，Digital Light Processing）与固体粉末烧结成型方式（SLS，Selective Laster Sintering；SLM，Selective Laster Melting）。与 FDM 打印机类似，它们也通过逐层固化材料塑造成型，但不同之处在于，它们并不使用高温熔化塑料，而使用激光等光线。

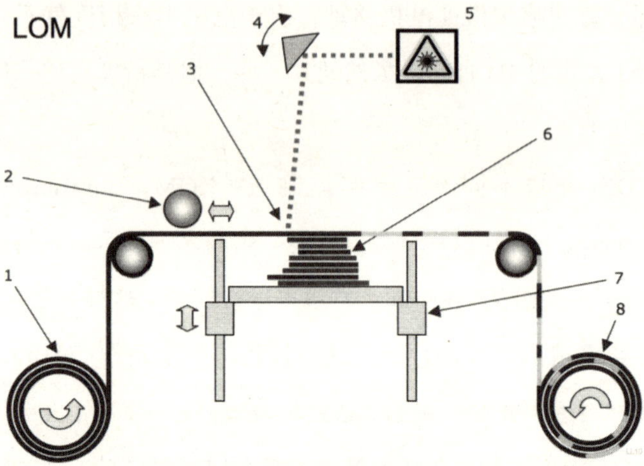

▲LOM 打印机的结构

方 式	说 明
SLA	采用液体材料，通过激光固化
DLP	采用液体材料，使用类似于投影仪的光线
SLS	采用固体粉末材料，通过激光熔化粘贴
SLM	采用粉末或固体材料，通过激光熔化粘贴

可以使用的材料有液态塑料、粉末或颗粒状固体塑料。这些材料不因温度而固化，而可以通过激光等光线固化。

为便于理解，下面讲解采用 SLA 方式的打印机。这种打印机采用液态材料，所以操作前要先将液态材料放入类似水槽的部件。若直接将激光透射到液槽，则将无法形成所期望的形状。因此，需要使用一个托板以逐层固化材料，托板在活塞杆的作用下逐层移动。

由于采用 SLA、DLP、SLS、SLM 工艺方式的 3D 打印机使用激光制造物体，所以精度比采用其他方式的打印机高许多，但价格也昂贵得多。

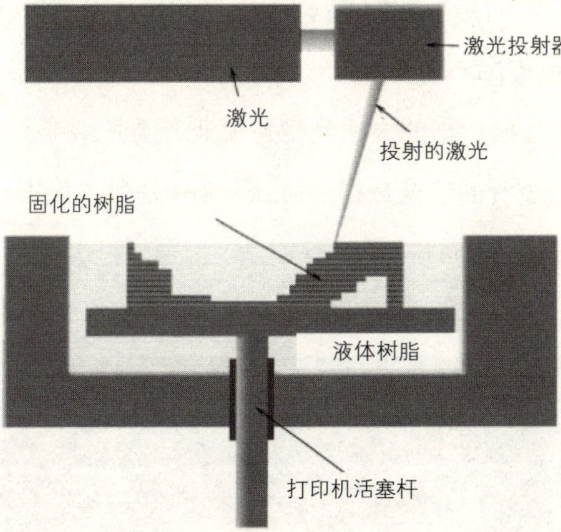

▲SLA 打印机结构

3D 打印的重要阶段——建模

要打印 3D 物体，3D 打印机本身是非常重要的，但更重要的是使用电脑创建要打印的对象。3D 打印机的移动打印头只根据给定数据移动，从而进行打印。因此，必须告诉打印机打印材料要放在什么位置，以及从当前位置移动多少才能到达目标位置。

为此，必须先创建可供 3D 打印机识别的数据，这些数据称为建模数据。在电脑中可以借助专门的建模程序创建建模数据，就像绘画一样。第一次使用建模程序的朋友可能会担心自己能否正确使用。最近，建模程序变得越来越简单，也出现了许多供人免费使用的程序，各位可以从中选择适合自己的程序。此外，也有许多建模程序的相关培训，最具代表性的是谷歌的 Sketchup，此外还有 AutoCAD 123D、OpenSCAD、FreeCAD 等。

另一种获取建模数据的方法是将建模业务委托给专业的建模公司，或者使用网络上免费的建模数据。MakerBot 是最具代表性的 3D 打印机生产厂商，其运营着 Thingiverse 网站①，专门提供建模。

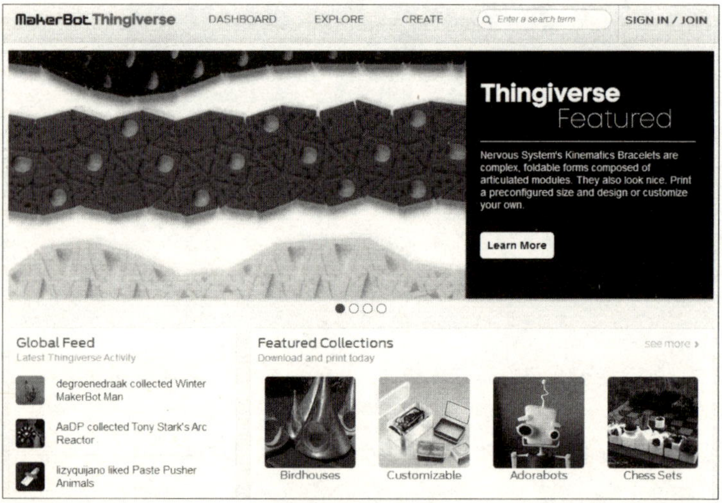

▲Thingiverse 网站

进入 Thingiverse 网站可以看到许多建模数据，涵盖了从新手到专业设计师的各个阶段。从该网站既可以下载其他人已经制作好的建模数据，也可以委托他人建模。

---

① Thingiverse：http://www.thingiverse.com/

韩国国内对 3D 打印机的热情一度高涨，有很多地方可以提供 3D 打印服务。比如 3D Mon（www.3dmon.co.kr），用户可以通过网络将建模数据发送给他们，然后选择要使用的材质，委托其进行 3D 打印。与 Thingiverse 类似，用户也可以从 3D Mon 网站下载已经制作好的建模数据，当然也可以委托制作。

弘益大学有一家提供 3D 打印服务的公司，名为 Gluck（http://www.glucklab.com）。4 名设计师由于看到了 3D 打印机的广阔前景而共同成立了这家公司，我也曾因为对 3D 打印机充满好奇而亲自拜访过他们。

我曾经与 Gluck 公司的项目经理李子烈先生有过交谈，了解到 Gluck 公司的宗旨是促进人与人之间的交流沟通，而不是通过 3D 打印赚钱。如果想知道 3D 打印机是什么，可以拜访这家公司，他们会亲切接待每一位来访的朋友。

▲位于弘益大学的 3D 打印公司

3D 打印机只是 Gluck 公司使用的众多设备之一，Gluck 公司感谢各位对它的积极关注。在网上搜索有关 Gluck 公司的介绍，会看到大量评论称其“讲解亲切而细致”。这种理念支撑下，人们不仅能够在 Gluck 公司亲眼看到 3D 打印机，还可以参加免费培训课程，自己动手制作 3D 物品。

Gluck 公司的氛围像咖啡厅一样温馨，人们在这里可以直接使用 3D 打印机打印自己设计的物品，我认为这是一个交流 3D 打印技术的绝佳场所。如果您对 3D 打印很关注又充满好奇，不妨亲自体验，相信会是段不错的经历。

⓪③ 3D 打印拥有无限可能

3D 打印发展历程及现状

3D 打印采用熔化叠加或加工叠加的方式制造三维物体。根据所用材料的不同，既能打印金属等坚硬物体，也能打印橡胶等柔软物体。最近，3D 打印采用的材料范围正在逐渐扩大。3D 打印也从打印简单的外壳、部件，逐渐扩展到打印金属制品、巧克力、糖块、点心、人造器官等。

事实上，自从 20 世纪 80 年代发明以来，3D 打印机就一直用于工业生产，只是不为普通人熟知而已。随后出现的一个事件使 3D 打印机声名鹊起，就是有人使用 3D 打印机打印了一把手枪。虽然用 3D 打印机制造手枪并试射成功不是韩国的事情，但 YTN 新闻[①] 对此进行了报道，并称这极有可能引发严重的社会问题。这件事情意味着谁都可以使用 3D 打印机制造需要的武器，显然完全有理由成为人们关注的热点。

① http://www.ytn.co.kr/_ln/0104_201311101422396302

▲Solid Concepts 公司首次使用 3D 打印机制造了一把金属手枪

使用 3D 打印技术打印手枪等金属制品时，有两种方法。一种使用类似黏土的可变形金属混合物，另一种使用金属粉末，通过激光的强大能量熔化成型。

金属混合物有银黏土，饰品制造工艺中常常使用银黏土这一材料，所以银黏土工艺的制作过程与使用 3D 打印机制造金属物体是类似的。那么，银黏土工艺中有哪些工序呢?

银黏土工艺的主要材料是银黏土，由银、黏合剂、水混合而成，类似于黏土。使用银黏土可以轻松塑造物体形状，就像捏黏土一样，这使其成为制造手工艺品时最受欢迎的材料之一。

银黏土工艺中，首先使用一定量的银黏土塑造所需形状。此时使用的方法有利用塑形模具或者使用手工工具直接进行打磨修整。

之后创建的模型要在类似烤箱的地方进行烤制，因为银黏土是混合物。经过烤制后只剩下银，其他混合物均已蒸发，最终得到银质饰品，如市面上常见的银戒指、银项链等。

使用银黏土制造金属制品时，3D 打印机也要经过上述过程。使用

3D 打印机制作金属制品时，就像银黏土工艺中制造戒指或项链等饰品时使用塑形模具或手工工具。

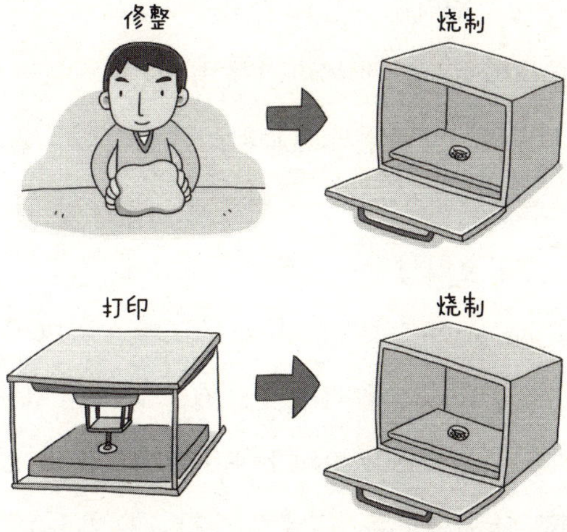

▲就像用手制作烧制模型一样，使用 3D 打印机制造模型也要经过类似过程

进行银黏土工艺时，如果可以用电脑进行设计，并能根据设计的模型制作，那么就能得到更加精巧多样的形态。此时可以使用的工具就是 3D 打印机。与银黏土工艺流程类似，3D 打印机使用的也是银黏土材料，制作时也要经过塑形与烧制过程，最终才能得到所需形态的成品。

下面介绍使用 3D 打印机打印金属制品的另一种方法，即使用铁粉等金属粉末进行打印，这一过程中还要用到高能激光。铁粉是微小颗粒，在高能激光的作用下会熔化。铁粉熔化为铁水后，可以相互粘合。3D 打印机就是利用该原理打印金属制品的。打印时先撒一层薄薄的铁粉，再高温熔化塑形。然后在其上再撒一层铁粉，再熔化塑形。

如此反复，直到形成整个物体。手枪等金属制品就是不断重复这一过程制造而成的。

3D 打印机使用电脑制作的建模数据即可精确打印三维物体，也就是说，只要拥有建模数据，谁都可以使用 3D 打印机轻松制造具有相同形状的物体。因此，如果手枪等武器的建模数据泄露，那么极有可能会对社会安全造成威胁。

幸运的是，使用金属材料制造枪支的设备非常昂贵。大家都认为，制造枪支的成本远远高于直接购买枪支的成本，所以不会发生购买设备制造枪支的事情。但日本曾经发生过有人因使用 3D 打印机打印手枪而被捕的事件。即使打印手枪时不使用金属材料，也有可能发射成功，所以一定不要认为“设备昂贵就不会有人打印手枪”。

3D 打印拥有无限可能

最近，只要去展会逛逛，我们就能看到各种各样的 3D 打印机。有些 3D 打印机可以打印食物，比如巧克力、点心等。巧克力、点心、糖块等都是使用半液态材料打印而成的。制作时先将半液态材料成型，再将其硬化，最终形成食品。由于这些材料为半流体，所以 3D 打印机可以轻松操控。只要 3D 打印头每次喷出所需数量的材料，将其喷到指定位置并非难事。通过逐层叠加，最终会得到所需形态的巧克力、点心、糖块等成品。

▲3D 打印机打印的巧克力

3D 打印机的另一种应用是使用生物材料制造人体器官，这也是人们对 3D 打印最为期待的用途之一。2012 年，比利时哈瑟尔特大学生物医学研究所的研究人员使用 3D 打印机为患者打印了下颌骨，并成功完成了移植手术。2013 年，美国康奈尔大学研究小组利用细胞与软骨成功打印了人造耳朵。虽然目前尚处于动物实验阶段，但预计 3 年内会进入临床实验阶段，这对因事故而失去耳朵的患者是个利好消息。此外，还有公司在尝试使用 3D 打印机打印肝脏、心脏、支气管等多种人体器官。

▲3D 打印机制作的精巧的下颌骨

人体是由多种细胞根据各器官功能生长而成的组织。使用 3D 打印机打印人体器官就是使用这些细胞形成所需的组织形态。细胞就像活的生命体，即使将其放在一起也不会彼此粘合，必须经过培养过程。

此时需要细胞生长支架，将细胞固定在指定位置，使之不发生移动，然后再培养。为此，3D 打印机会同时使用软骨或凝胶、细胞打印人体器官。

生物产业使用的 3D 打印机使用微小孔洞逐个操纵细胞，所以只准备 3D 打印中要使用的细胞即可。使用 3D 打印机打印人体器官有个显著的优点。

器官移植手术中移植其他人的器官时，可能发生免疫排斥等副作用。而使用 3D 打印机打印人体器官时，使用的是患者自身的细胞，所以这些免疫排斥与副作用等问题都将迎刃而解。相信随着技术的发展，人们不仅能够制造具有相同功能的器官，而且能够制造得更好。

目前的医疗产业中，3D 打印机只能用于打印细胞结构比较简单的器官，比如软骨、骨骼等，因为人体器官工作时需要血液提供氧气与养分。血液由心脏通过伸入人体器官的毛细血管流经各器官，因此，使用 3D 打印机打印人体器官时，必须同时制造器官中的毛细血管。但毛细血管非常纤细，并且具有供血液流通的结实的管状结构，只通过细胞叠加实现这种结构是非常困难的。因此，这也是需要研究人员继续研究的一个领域。

目前的 3D 打印并非只有优点，还有一些缺点。比如，与使用金属模具制造的物体相比，通过逐层叠加塑料创建的物体内部结构更加脆弱。而且，若不使用配备激光的高级设备，制造的物体表面会比较粗糙，一般还需要进行表面抛光、上色等后续处理。

但是，目前倍受人们青睐的 3D 打印机价格正变得越来越便宜，并且能够以比较低廉的价格打印人们的设计。这些优点以及能够大大缩短制造时间的优势使得 3D 打印机魅力无限，此外还有一个更大的优点就是节约原材料。

常规制造过程中，由于要经过切割、打磨等操作，所以存在大量浪费原材料的现象。由于 3D 打印采用的是增材打印方式，只打印需要的形态而没有一点冗余，所以能够有效减少原材料浪费。

3D 打印技术具有诸多优点与广阔的发展前景，许多国家与企业都在大力投资。朴槿惠总统曾说:“用 3D 打印让‘创造经济’开花结果。”美国奥巴马总统曾表示:“3D 打印是制造业的一场革命。”相信 3D 打印一定会为制造业，特别是小型制造业带来新的气息。

随着 3D 打印技术的发展，人们也在期待不断开发新材料，生产令人惊叹的物品。正如纸张打印机为生活带来变化的同时开拓新市场一样，希望 3D 打印机能够使我们的生活更加美好。

参考文献

FDM 方式：http://en.wikipedia.org/wiki/3D_printing

《全球 3D 打印产业技术趋势分析》（韩国《机械期刊》，2013. 10.，Vol. 53，No. 10）

组装 RepRap 打印机：http://reprap.org/wiki/RepRapPro_Huxley

干细胞是什么？：http://www.ipscell.com/what-are-stem-cells/

GLUCK：http://glucklab.com/shop/main/gluck.php

那么问题就来了……

Q. 随着 3D 打印的普及，传统的快速成型市场会消失吗?

A. 不会的。

当然，传统的快速成型市场会受到3D打印机的冲击，但并不会销声匿迹。3D 打印的优势是成型制作容易、价格低廉。但打印的物体内部结构比较脆弱，且不同性能的 3D 打印机打印的产品质量也有很大差异。虽然使用传统的快速成型技术要花费很多时间，但制作的产品模型结构稳定，有些公司制作的产品模型甚至与实际产品不相上下。

总之，二者针对不同市场，它们之间是相辅相成的关系，快速成型公司也会引进 3D 打印机。若不在意性能而只用于检查设计，使用 3D 打印机进行打印即可；但要想制造类似于实际产品的模型，最好使用传统的快速成型方式。

Q. 共享 3D 打印设计与提供 3D 打印代工服务的公司中，哪些网站和公司比较具有代表性?

A. 3D 打印的优势是，只要拥有相同的建模数据就能制作完全相同的物体。许多销售 3D 打印机的公司或者提供 3D 打印服务的公司一般都会运营交流社区，用于共享建模数据。由于这些公司拥有很多数量的 3D 打印机，所以可以接受客户的 3D 打印委托。用户委托 3D 打印时，不仅可以委托公司进行设计，还可以选择打印时要使用的材料，比如金属、树脂、塑料等，可根据使用的 3D 打印机选择。

提供建模数据共享的最具代表性的网站有 MakerBot 的 Thingiverse（http://www.thingiverse.com/）。MakerBot 公司以制造并销售 3D 打印机而闻名，其运营的设计共享站点 Thingiverse 也非常有名。用户进入 Thingiverse 站点后，可以下载已经设计好的模型数据，或者上传自己的建模数据与他人共享，也可以委托他人进行设计。因此，如果需要建模数据但自己又不会建模时，可以通过 Thingiverse 网站委托他人帮忙设计，这也是一个非常好的方法。

另一个比较有名的网站是亚马逊。与韩国的在线商城类似，亚马逊是也一家在线购物网站，但不同之处在于有关 3D 打印的方面。亚马逊最近增加了 3D 打印服务，用户可以在其网站上选择需要的设计，转换为需要的格式后购买。建模数据包括漫画角色到饰品等各种物品。

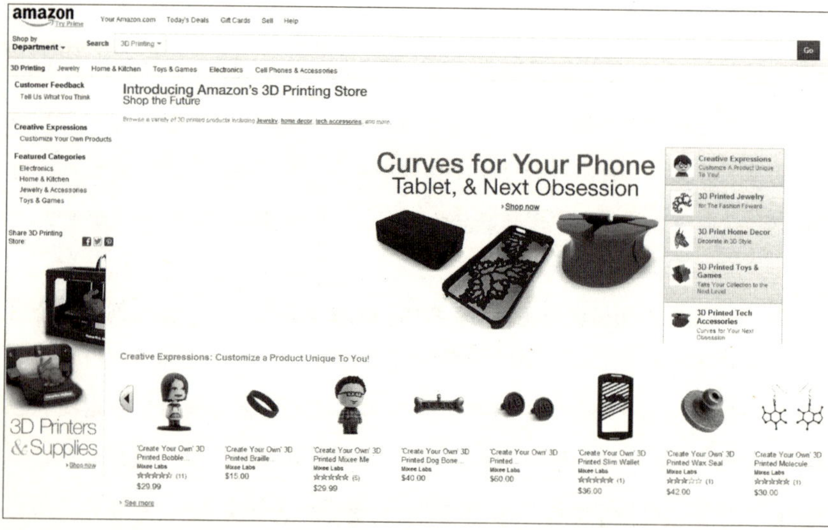

上述网站涵盖的种类非常多，有珠宝、室内装潢产品、玩具、电子零件、人偶、外壳及饰品等。其中，人偶产品可以直接在线制作，就像在游戏中创建人物角色一样，用户可以定制自己喜欢的形态。

韩国也有提供 3D 打印服务的公司，较具代表性的有 3D Mon 和 Gluck。3D Mon 与前面介绍的 Thingiverse 一样，用户可以委托制作，也可以下载他人已有的设计或共享自己的设计。

Gluck 是一家线下比线上有名的 3D 打印服务公司。初次接触 3D 打印或对 3D 打印有疑问的朋友可以去拜访这家位于弘益大学附近的公司，参加 Gluck 公司提供的培训也是个很好的方法。

Q. 听说个人也可以购买 3D 打印机进行 3D 打印。各 3D 打印机厂商销售的 3D 打印机有何差别？它们主要应用在哪个领域？

A. 3D 打印机的功能与结构都比较简单，所以生产和销售的企业很多。各家企业生产的 3D 打印机具有多种尺寸，至于其不同，主要表现在质量与内部结构上。

个人使用的 3D 打印机大部分采用 FDM 方式，通过逐层叠加材料制作物体。因为采用这种方式的 3D 打印机结构最简单，制作成本也比较低。然而这种打印机在打印质量上存在一定问题。采用 FDM 方式的 3D 打印机通过熔化塑料逐层叠加制作物体，所以各层之间的连接部分不光滑。为了解决该问题，必须使用砂纸（Sand Paper）仔细打磨。每个公司生产的打印机的打印质量不同，有些是软件引起的，有些是 3D 打印机使用的电机不同造成的。

3D 打印机另外一个比较重要的因素是内部结构，它决定了打印机能够无障碍运行的时间。采用 FDM 方式的 3D 打印机使用逐层叠加方式，打印一个物体要花费很长时间。这意味着 3D 打印机的工作时间会很长，从而要求组成 3D 打印机的部件必须经久耐用。因此，如果使用质量好的零件，3D 打印机就能用得长久，价格相应也会高一些。

现在，生产 3D 打印机的厂商越来越多，竞争激烈，制造的打印机质量与结构也越来越好。同时，价格越来越低，更多人都打算购买。目前，与个人相比，更多的是中小企业购买 3D 打印机。原因在于，个人购买 3D 打印机主要用于打印制作玩具、雕像、饰品，这些物品通过在线 3D 打印服务也可以制作，不必非得购买 3D 打印设备。

而公司进行产品设计时，需要使用 3D 打印机制作产品模型，用于检查设计有无问题。若有问题则修改设计，再次打印产品模型进行检查，直至设计完成。这一过程中，使用 3D 打印机将极大地提高设计效率。

目前大部分个人 3D 打印机使用的主要材料为塑料，但各个公司一直努力研发，不断推出新型 3D 打印机，这些打印机使用金属及其他各种材料。网上可用的建模数据也在不断增多，3D 打印软件也越来越容易操作。随着消费者可选范围的不断增大，相信以后使用 3D 打印机的人会越来越多。

第6章

IT技术改变天空

- 01 飞行
- 02 用飞行器送快递
- 03 无人机技术

⑪ 飞行

征服天空的梦想

我比较喜欢而且玩过的运动有很多，比如单板滑雪、滑水、摩托车、自行车、潜水、跳伞滑翔等。

▲终极爱好——跳伞滑翔

我本人没有滑翔伞，但在朋友的帮助下也享受过滑翔的乐趣。如果有人问我：“你认为最有意思的运动是什么？”我会回答：“跳伞滑翔。”我也曾问过别人，大家都一致认为，跳伞滑翔最棒。

简单地说，跳伞滑翔就是人乘着类似降落伞原理的滑翔伞，从高空缓缓滑下。要想玩滑翔伞，先要背着它爬到很高的山上，然后利用吹来的风打开滑翔伞，从高山跃下，缓缓滑向地面。这样爬山耗时又费力，所以人们希望滑翔伞能够像飞机一样从地面升到空中，然后在空中长时间地翱翔。于是出现了动力滑翔伞，它借助电机的力量起飞前行。

人类从很久以前就怀有征服天空的梦想。莱昂纳多·达芬奇在自己的论文中曾经模拟鸟类的翅膀设计了一个飞行器[①]。之后，英国的乔治·凯利爵士设计出已经具备现代飞机主要部件的飞行器。本章将讲解如何利用飞行提供服务，正式讲解前，先了解如何才能飞起来。

要飞行时，先要克服重力飘浮在空中，维持这一状态并向指定方向移动。为此，有必要了解以下几种力：升力、重力、阻力、拉力。

相信大家在炎热的夏季都曾有使用扇子或纸片扇风的经历。扇扇子为什么能产生风呢？为了解释这一问题，先要了解空气的压力，即气压的有关内容。向下扇扇子时，其经过区域的气压就会发生变化。扇动空气时，所经区域的气压会比周围气压低。出现这种气压差时，空气就会流动，进而形成风。

比如，两个人相互推手，力量较大的一方就会向力量较小的一方推过去。同理，高压区的空气会流向低压区，压强高的空气会流到并填充扇子扇过的区域，所以扇扇子造成了空气流动，继而形成风。

---

① http://en.wikipedia.org/wiki/Codex_on_the_Flight_of_Birds

▲扇子经过的地方压力会变低，周围的高压空气会流过来，从而形成风

飞行的科学

我们可以经常观察到自然界中的刮风现象，比如海风、陆地风。白天阳光强烈，陆地比海洋升温快，所以比海洋温度高。地面温度上升时，空气变热并向上运动，导致气压变低。

而海面上的空气仍然维持着温度较低的状态，所以气压要比陆地高。因此，白天风从海面吹向陆地。夜晚时，陆地温度迅速下降，而海水仍然保持着原来的温度，所以风从陆地吹向海洋。

飞行器就是利用气压差飞行的。机翼上下方形成的气压差使飞行器飘浮在空中，在引擎的推动下向前飞行，其中涉及升力、重力、阻力、拉力这 4 种作用力。

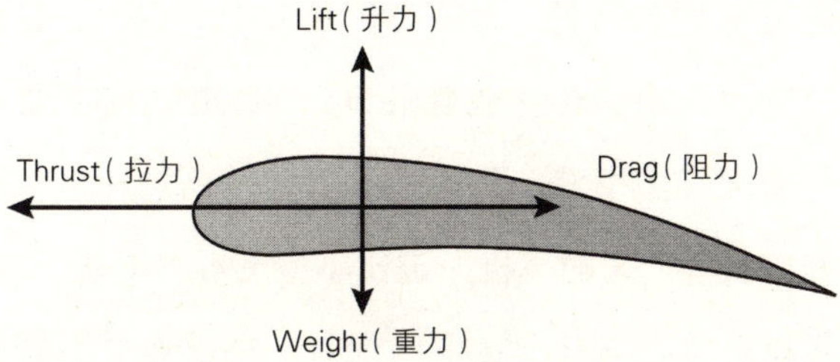

▲机翼的设计结构使其受到升力、重力、阻力、拉力的作用

升力（Lift，上升）使飞行器升到空中。从截面看，机翼向上凸起，向前飞行时，流经机翼上方的空气流速快，压强小。

这种设计结构使机翼上方空气的压强较小，此时，由于机翼上表面受到的压力小，下表面受到的压力大，这种压力差就形成了向上推的力，也就是升力。

根据爱因斯坦的广义相对论，重力（Weight，下降）是向因地球质量而扭曲的时空牵拉的力量。机翼受到来自地球重力的牵拉，重力总是存在且指向地心。重力与升力是一对反作用力，只有升力大于重力，飞机才能飞起来。

飞行器前行时，其机翼会受到空气的阻碍，阻止机翼向前，这种力就是阻力（Drag，阻止前行）。阻力太大时，飞行器将无法向前飞行。这样升力也就不存在了，飞行器就无法起飞。因此，为了最大限度地减少阻力，机翼都会被设计成柔和的流线型。

拉力（Thrust，前进拉力）是推动飞行器向前飞行的力，一般由螺旋桨或引擎产生。机翼独特的设计结构能使空气流动发生变化，从而产生向上的升力。此时，为了使空气流动，需要有向前的拉力。拉力太小，即前行速度太慢时，无法产生足够大的升力，也就无法使飞行器飞起来。同时，因为还存在着阻力，所以拉力必须足够大。飞行器越重，越需要大马力引擎。只有达到一定的前进速度，飞机才能飞起来，所以大型航空公司的飞机一定比小型飞机飞得快。

飞机不能只靠拉力与升力在空中前行，还需要左右转向才能飞抵目的地。要实现这一功能，只能依靠机翼。如前所述，飞机依靠拉力前行，依靠升力浮在空中。若两侧机翼的升力相同，一侧机翼拉力弱，另一侧机翼会因拉力大而前进得更快，这样一来，飞机就会向一侧转向。

然而，还有一种比调整拉力更简单的方法，就是调整飞机的尾翼。飞机尾翼的左侧面与右侧面通常维持着相同的气压，此时增大其中一个侧面的气压，另一个侧面的气压会变得相对较小，所以飞机尾部就被推向一侧。也就是说，改变飞机尾翼的气压也可以使飞机转向。

此外，也可以在保持两侧机翼拉力相同的情形下，使两侧机翼升力不同而使飞机转向。飞机两侧机翼拉力一样时，向前飞行的力量一样，所以可以相同速度飞行。然而，两侧机翼所受升力不同时，升力大的一侧就会升高，这样飞机就会发生倾斜。在倾斜姿态下同时增加两侧机翼的升力，飞机就会更快地向倾斜方向飞去，这样也可以转向。

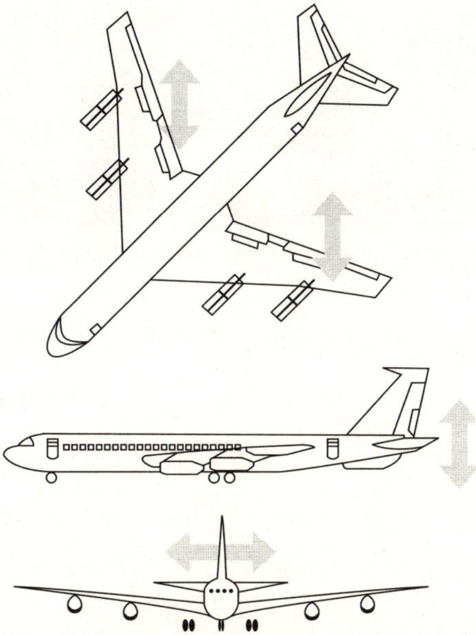

▲飞机通过机翼移动改变方向

飞机必须只在转向与起降时调整气压，为此，应当拥有可以随时改变机翼形态的结构，即机翼的一部分可以左右或上下活动。各位坐飞机时可以留心观察飞机转向时的机翼变化，这更有利于理解上述内容。

近来，空中飞行器形态越来越多样化，而且人们正在尝试制造更多形态的飞行器。其中最令人期待的是会飞的汽车，它可以在道路上行驶，也可以在空中飞行。美国 Terrafugia 公司 2009 年推出了一款可变身为飞机的汽车（代号：Transition(R)）。

▲带有机翼的汽车既可以在道路上行驶，也可以在空中飞行

经过不断研发，该公司又推出了新的型号，目前最新型号为 TF-X，支持油电混用。2015 年底已获准试飞，它是最令人期待的产品之一[①]。

此外，还有 PAL-V 公司生产的 PAL-V One 飞行摩托车，其外形类似于直升机。除此之外，有的产品为自行车安装螺旋桨，还有的为摩托车装上滑翔伞等。这些飞行装置不但会引发道路交通安全问题，在天空飞行也存在很大的安全风险，此外还有航空法规、价格昂贵、跑道配置等一系列问题。尽管如此，试飞已经获得成功，制造并不是什么问题。

今后，只要解决了上面这些问题，家用飞行器的时代将会来临。到那时，周末去济州岛游玩将不再是遥不可及的梦想。

---

① 《华尔街日报》: http://blogs.wsj.com/drivers-seat/2013/05/06

⑫ 用飞行器送快递

无人航空时代

与汽车、火车等需要沿陆地交通线行驶的交通方式相比，空中飞行能够让我们更快抵达目的地。无论怎样，空中飞行的优势是其所经路线比其他路线短得多，并且从能源利用角度看，空中飞行能够更高效地利用能源。因此，更高级的交通方式就是乘坐飞机等飞行器。

最近，人们在不断进行新的尝试。随着电机的发展，飞行器可以变得越来越小，推动力也变得更加强劲。因此，只要有能够拿起物体的胳膊，就能拿起箱子等大件物品。

各个领域都在进行这样的尝试。亚马逊发布消息称，将采用近距离飞行器投递，并一直在进行测试[①]。此前，达美乐比萨曾经试用无人机成功派送比萨。在韩国，韩国科学技术院（KAIST）也曾经试用无人机快递过草莓。

① PrimeAir：http://www.amazon.com/b?node=8037720011

▲亚马逊宣布使用无人机送快递，图为亚马逊 PrimeAir 无人机

不仅如此，我们以前只能在新闻中看到航拍，而现在也能在体育、综艺节目中经常看到。以前航拍必须出动直升机，并且只在节日等特殊的日子才拍摄。

然而，现在基本已不再使用有人驾驶的直升机，取而代之的是使用无人驾驶的飞行装置，使用者通过无线遥控进行控制。这种用于航拍的无人飞行器比较小，携带方便，可以轻松地从高空拍摄。韩国比较有人气的综艺节目《金炳万的丛林法则》在拍摄时大量使用了航拍无人机，用于展现参与者的单独行动或美丽的自然景观。

飞行器也经常用于农业生产，比如喷洒农药以杀死病虫害，从而保护农作物。然而，在广阔的农田喷洒农药并非易事，需要租用直升机，还要雇佣受过专业培训的飞行员。但是，最近有的地方不再使用人工驾驶的直升机喷洒农药，而使用无人机喷洒。使用无人机喷洒农药时，若发生意外事故可以避免人身伤害。由于无人机体积小，与人工驾驶的直升机相比，它能够做更密集的工作。与雇佣飞行员和租用直升机相比，使用无人机最大的好处是价格低廉，所以其越来越受到人们的青睐。

除此之外，人们经常谈论的飞行器有军用无人机、生命救助侦察机、比手掌小的超小型机以及个人玩的 RC 遥控直升机，其中以军用无人机最为有名。军事作战中，无人机因其能出色地执行侦察、攻击任务而声名远扬。战争中，军事侦察是非常重要的任务，但很容易被敌人察觉而造成伤亡。如果使用无人机执行侦察任务，就可以避免出现伤亡情况。

无人搭乘的飞机通常称为无人驾驶飞机（UAV，Unmanned Aeria Vehicle）或无人机（Drone）。无人机形态多样，有的附带固定机翼，有的类似直升机，也有的类似多桨直升机（拥有两个以上螺旋桨）。

军用无人机不采用直升机形态，更多采用带有固定机翼的飞机形态，因为军事无人机多用于执行军事侦察等任务。虽然采用直升机形态便于垂直升降，但向前飞行的速度不快，不适合远距离飞行。采用飞机形态时，向前飞行速度很快，而且比直升机安静，所以非常适合执行侦察任务。军用无人机应用多种最新技术，有很多让人感兴趣的地方。下一节将讲解详细内容，本节先简单介绍军用无人机的应用。

各位都玩过模拟战争游戏吧？模拟战争游戏中，玩家分为敌我两方，每一方都配有彩弹枪。玩的时候需要隐藏好自己，敌方移动时开枪射击，自己移动时也要先查看周围是否有敌人。如果可以从空中鸟瞰整个游戏区域，那会怎样呢？从空中可以清楚看到整个游戏区域后，即可得知安全方向与路线。并且，如果没有树木等遮蔽天空的障碍物，就能轻松找出敌方位置和目的地。

在美国，发生犯罪事件时，为了能够从空中掌握整个情况，一般会出动直升机进行侦察，类似场景我们在电影或电视剧中经常见到。模拟战争游戏中，如果能够从空中掌握敌方动向，还可以直接向敌方发射彩弹，岂不更好？这样一来，己方队员只要隐蔽好，有人从空中向敌方发射彩弹即可。

▲使用无人机可以轻松掌握地面状况，更容易找到隐藏的敌人

这种在模拟战争游戏中发生的事也在真实的战场中发生着。9·11恐怖袭击发生后，美国政府开始努力抓捕恐怖分子。对恐怖分子进行侦察时，美国军方动用了“捕食者”（MQ-1 Predator）[①]无人机，其实

① 维基百科：http://en.wikipedia.org/wiki/General_Atomics_MQ-1_Predator

际使用源自 1995 年。无人机最初投入使用时，主要执行侦察任务，未装配攻击武器。即使找到恐怖分子头目本·拉登，也无法采取进一步措施。后来的无人机都具备装配武器的功能，在实际战场中开始发挥更大作用。

Project Loon 谷歌热气球网络计划（互联网普及项目）

2014 年以来，IT 企业陆续发布了很多与无人机相关的消息。谷歌、Facebook 等大企业分别收购了开发无人机的公司，双方还制定了互联网普及计划，向因地形或经济原因无法使用互联网的人们提供价廉物美的互联网服务。

互联网普及项目是谷歌 2013 年启动的项目之一，项目名为 Project Loon[①]，旨在通过架设在地球上空的热气球提供廉价且稳定的网络连接。根据谷歌官方博客，他们以前一直在尝试为难以使用互联网的地区提供互联网服务，但都因系统搭建与维护成本太高而未能成功。因此，谷歌计划使用热气球提供廉价的互联网连接服务。

谷歌 2013 年开始在新西兰使用热气球进行实验。将热气球释放到空中后，成功实现通信。据说，谷歌热气球目前已经成功绕地球一圈。热气球网络可以使用的情形下，谷歌收购了制造无人机的公司。至于如何使用，至今仍不得而知，令人充满好奇。

也许从谷歌收购的无人机生产商（Titan Aerospace）的无人机产

① Project Loon: http://www.google.com/loon/

品中可以探寻到一些蛛丝马迹。Titan Aerospace 正在开发的无人机名为 Solara50，它可以在地球上空 20 km 处飞行，机翼长达 50 m，全部覆盖太阳能电池板。因此，它可以借助太阳能在空中持续飞行 5 年。

Solara50 无人机可以在空中飞行 5 年，实在是太厉害了。可以这样长时间飞行的原因让人非常感兴趣。Solara50 在地球上空 20 km 处飞行，位于平流层，Project Loon 热气球也漂浮在平流层中。

▲Solara50 与 Project Loon

与下方大气层相比，平流层（10 km~50 km）的气流变化更小。这表示在平流层中飞行时受到的风害少，飞行更加稳定。我们乘坐的各航空公司的飞机都飞行在 9 km~12 km 的高空中，该区域位于平流层底部，在这个高度飞行时受到的风的影响较小。

距离地表越远，空气越稀薄。飞机向前飞行时需要克服空气阻力，那么，在空气稀薄的平流层飞行会如何呢？首先，由于空气稀薄，向前飞行时受到的阻力较小，但同时也意味着飞机受到的升力较弱。因此，飞机不能盲目提升高度，而且为了在稀薄的空气中获得足够的升力，必须增大机翼。

Project Loon 项目中，使用高空热气球不仅价格低廉，而且其体积大、重量轻，能够很好地漂浮在平流层中，唯有如此才能以最少的能量实现长时间飘浮。在平流层中飞行的 Solara50 机翼很大也是出于类似的原因。因此，要让飘浮力（升力）尽量大，用最小的力（拉力）推动飞行器向前飞行。

虽然无人机技术不是突然出现的，但其发展相当迅速。因此，到目前为止，非军用的商用无人机仍存在一些法律上的问题，而且还有很多制度没有建立起来。现在，在美国使用商用无人机还可能遭到投诉或起诉。

此外，无人机的民用过程中还要考虑许多方面。比如，操纵无人机时要使用无线通信，但由于无线通信肉眼不可见，很难知道是否被人窃听或操控。当然，要侵入无线通信需要花费大量时间与精力，还要经过大量的尝试才有可能成功。

但对无线通信进行干扰却是很有可能发生的。不断发送干扰电波可以使无人机通信无法正常进行，此时无人机必须自行判断，决定下一步要采取的动作，比如按原计划继续飞行还是返回基地。因此，军用无人机价格非常昂贵，通信被切断时返回原位。

虽然入侵无线通信很难做到，但如果真的入侵了，即无人机被人恶意操纵，又会怎样呢？举个简单的例子，假设一架无人机正在派送快件，此时如果被人恶意入侵，它就有可能将快递投递到其他地点。

如果军用无人机执行向敌方渗透的任务时被劫持，它就有可能返回基地，转而攻击己方。或者接收修改过的 GPS 信息，改变飞行路线，最终沿着错误的路线飞行。

▲ 无人机正在派送比萨，此时被黑客攻击，比萨就会被劫走。使用无人机派送货物有可能发生类似事件

只要大致思考就会发现许多问题。虽然军用无人机积累了丰富经验，运用了高新技术，但这些问题仍然存在并威胁着无人机的安全。然而，人们做事的时候并不是先准备好应对一切问题的方案才开始的。

目前，无人机需要在技术、制度层面上不断补充完善。如前所言，使用无人机移动更自由，并且能够节约大量时间，这在急救时大有裨益。因此，人们一直在投资研发无人机。

无人机已经大量出现在个人的兴趣爱好领域中，但也有部分企业想要使用其派送货物，或提供互联网接入服务等。这些新兴市场正在逐渐形成并逐步发展壮大，然而，这些努力能否改变我们的生活还需拭目以待。

⓪③ 无人机技术

多种无人机

目前，世界各国正在努力研发军用无人机技术，以便能够更好地执行侦察任务，防止发生人身伤害，以及花费更少的维护成本。

军用无人机与一般企业使用的无人机以及个人玩的遥控飞机有很大不同。首先，大部分军用无人机都比较大，且内部结构非常好，所以比一般无人机昂贵得多。并且，军用无人机搭载有攻击性武器，能够发动攻击。军用无人机必须能够自主飞行，也应当执行侦察或追击目标的任务。与一般无人机相同的是，它拥有机翼，外观类似于飞机，借助拉力与升力飞行。

军用无人机是最新技术的产物。为了执行侦察与追击目标的任务，无人机通过摄像设备识别物体，或者由控制人员操纵指挥。此外，无人机还要具备自主飞行的能力。如果掌握了这些技术的工作原理，就能轻松地将这些技术应用于无人驾驶汽车或其他新的创意。下面将对这些技术进行讲解。

世界各国开发使用的无人机种类繁多，根据外观形态可以分为飞翼型、旋翼型、多翼型。此外，根据飞行高度可以分为低空、中空、高空机型。飞行高度越高，所需的技术就越多，价格也就更昂贵。军用无人机常用的技术大致有 4 种：飞行技术、远程通信技术、观察技术以及地面控制技术。

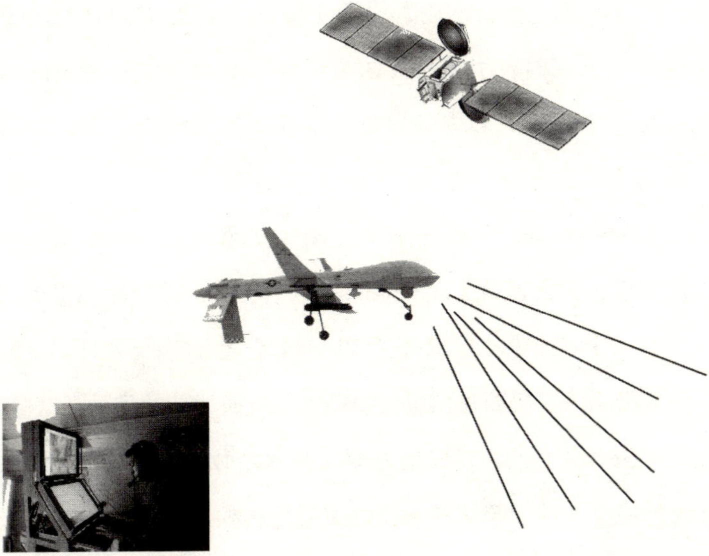

▲无人机的 4 种技术：飞行技术、远程通信技术、观察技术、地面控制技术

无人机核心技术

飞机都会飞行，所以大家会认为飞行技术很简单。但用于侦察的无人机的飞行高度与普通飞机不同，普通飞机在 10 km 高空中飞行。

而韩国正致力引进的“全球鹰”军用侦察机飞行在 20 km 高空，飞行高度是普通航空器的 2 倍。同时具备执行侦察任务的能力，可连续飞行 30 h 以上。

那么，为什么在 20 km 高空飞行的技术很难呢？因为 20 km 高空的环境条件与地面条件非常不同。越往高飞，气温不断下降，空气也变得稀薄。这样一来，飞机引擎运转时所需要的氧气也变得愈发不足。

也就是说，无人机依靠内置引擎获得拉力与升力，以便飞得更远、更高。而氧气不足时，引擎将无法提供足够的动力。从引擎的内部结构可以找出其中原因，其内部燃烧的汽油等燃料提供动力，当氧气不足时，燃料就无法充分燃烧。

燃料燃烧不充分时，引擎输出的动力变小，从而导致飞行能力变弱。这样一来，无人机就无法长时间在空中飞行，也无法飞得更高。也许有人会想："将燃油箱加大不就可以了吗？"燃油箱变大时，重量就会增加，引擎要增大，且要输出更大的动力以克服增加的重量。这样一来，整个无人机机身就会变大，其他方面也要随之做出相应调整。因此，低温、低氧环境下，使引擎正常工作也需要具备相当高的技术水平。

飞行时必需的技术之一是飞控技术。也许有人会问："无人机在空中飞行还需要进行飞行控制吗？"一般低空飞行的无人机速度都非常快，飞行角度稍有偏差就有可能坠毁或飞向高空。此外，在多山地区飞行时要更加小心，防止撞毁。因此，无人机通常都装有 GPS 设备，通过 GPS 获取自身位置并查找飞行方向。

军用无人机使用的 GPS 信息与汽车、智能手机使用的 GPS 信息有所不同。普通民用 GPS 的误差约为 10 m~15 m（最近推出的导航设备通过地形补正等手段能够进一步缩小误差），而军用 GPS 都处于加密状态，普通民众无法使用。与民用 GPS 相比，军用 GPS 能够提供更加准确的信息，所以可以获得更准确的方向与高度信息，非常适合用于飞行控制。

然而，这种仅靠 GPS 确定位置的方法有几个问题。GPS 信号来自提供 GPS 定位服务的卫星，GPS 卫星与无人机相距非常远。

GPS 卫星在距离地面 20 000 km 的高空中运行，如此遥远的距离导致卫星发送的信号比较微弱，接收方必须将其放大才能获取位置信息。而与 GPS 卫星相比，无人机与地面间的距离就显得非常近。

因此，在地面模拟 GPS 信号并发送到无人机所处位置后，无人机就会认为接收的是 GPS 信号，导致对位置出现判断失误。

伊朗曾宣称捕获过美国的无人机，这一消息虽然无法得到证实，但伊朗方面称其是采用扰乱 GPS 信号的方法将其捕获的。然而，为了进行干扰而生成的 GPS 信号反过来也可能成为无人机的攻击目标。

为了消除来自地面的 GPS 干扰信号，美军曾经做过相关演练，即找出比卫星信号强的信号或者干扰信号并进行攻击，最终成功消灭地面干扰源。

无人机的另一项关键技术是通信技术。无人机一般用于在发生纠纷的地区执行侦察或攻击任务，这一过程中即使遭到敌方攻击或发生故障也不会造成人员伤亡，这就是使用无人机的最大好处。为此，必须能够通过无线操控无人机。

对无人机的无线操控并非仅指近距离遥控，更多时候是指远距离控制，比如在数百千米之外的美国本土对飞行在伊朗上空的无人机进行操控。之所以能够这样做是因为采用了卫星通信技术。

顾名思义，卫星通信就是指与运行在地球和宇宙交界区域的卫星进行通信。使用卫星通信的一个优势是不受所处位置的局限，只要在卫星电波的覆盖范围内，任意两点间都可以进行通信。比如，与地面通信站进行通信时，为了保持通信状态，无人机飞行时必须知道地面通信站的方向，唯有如此才能将天线集中指向该方向。然而无人机飞行过程中会遇到山地地形或高耸的建筑物，此时将无法进行通信。无人机必须自主飞行，最坏的情况是坠毁。

此时，如果无人机能够与卫星进行通信，情形就会大不相同。首先，卫星位于比无人机更高的区域空间中，其下方的无人机能够接收卫星发送的电波而不会受到任何妨碍。也许有人会问："云层不会遮挡无人机吗？"不必担心，卫星电波能够毫不费力地穿透云层。

▲无人机飞行时必须进行通信，左图利用卫星通信，即使在多山地区也无妨；右图采用地面站通信方式，有高山阻隔时，通信中断

通信中使用的卫星称为通信卫星，比如韩国的 Koreasat 通信卫星。该通信卫星运行在距离地面 20 000 km 的高空中，覆盖范围非常广，

只要不是太偏僻的区域都能接收到其发送的电波。

无人机还有一项关键技术是观察技术。只有“看得见”东西，无人机才能飞行、追踪目标、发起攻击。我们常见的观察技术是利用摄像机识别物品。摄像机类似于人眼，接收可见光并将其转换为数字信号。简言之，摄像机采用类似人眼观察事物的方式，接收来自被观察对象的光线，并将其转换为可供电脑或其他设备查看的数据。

但是，观察技术并非仅仅依靠可见光。自然界中的动物不仅能够接收人眼可见光，还能接收超声波甚至红外线。

最具代表性的是响尾蛇，它能够感知生命体以红外线形式散发的热量，所以在没有光线的地方也能准确找到散发热量的生命体。由于响尾蛇“看得见”红外线，所以在漆黑的夜晚也能捕食。

无人机也采用类似技术。借助搭载的摄像机，无人机不仅能接收可见光，还能接收红外线，再辅以激光以区分不同物体。

无人机搭载的红外线摄像机的工作原理与普通相机类似，不同之处在于红外线摄像机能够接收红外线，而普通摄像机只接收可见光。这种不同是由光线通过摄像机时经过的滤镜引起的。也就是说，摄像机中装有红外滤镜时，通过镜头的红外线就会被过滤掉，只能看到可见光，这就是只存储可见光的普通相机；而摄像机中装有可见光滤镜时，通过镜头的可见光就会被过滤掉，这就是只存储红外线的红外线相机。

这样看来，无人机使用的红外线摄像机比想象得要简单。制造时，只要让其阻断可见光而只接收红外线即可。红外线摄像机通常配有特殊镜头，借助特殊制造的镜头，红外线摄像机能够更好地接收红外线。此外还有相应的软件分析技术，以便更好地通过红外线信号区分物体。软件分析技术是非常重要的内容，但由于涉及软件基础知识，故本书不进行讲解。下面学习可见光之外的光线在军事领域中的应用。

之前讲过，红外线与可见光具有不同波长。根据波长不同，可见光可以带有红色、绿色、蓝色等颜色。与此类似，红外线也可以分为具有不同波长的红外线，区分标准与冷、热等热量相关。

发热物体与不发热物体同时存在时，由于其带有不同波长，所以能够轻松区分哪个物体发热，哪个物体不发热。红外线摄像机利用该原理能够在漆黑的夜里“看见”发热的物体与不发热的物体。因此，军用红外线摄像机在漆黑的夜里能够发现隐藏的人员，我们也经常在电影中看到类似的场景。

无人机的观察技术就利用了可见光与红外线的相关技术，此外还有激光技术。可见光摄像机与红外线摄像机使用类似的技术，但利用激光查找事物的方式与二者有所不同。一般而言，可见光摄像机与红外线摄像机利用外部光线进行识别，而利用激光进行识别的技术则采用直接发射激光再接收的方式，该技术也应用于雷达或潜水艇等方面。

那么，究竟应该如何利用反射回来的激光分析信号呢？为便于理解，通过以下场景进行说明。

假如我们此刻手里正拿着一个皮球，将它向一堵墙扔去时会发生什么呢？皮球碰撞到墙壁后会反弹回来，这就表明皮球在前面碰到了某个物体并被其弹回来了。此时如果离墙再远一点，又会怎么样呢？

接下来，使用上次抛球的力度再次将皮球抛向墙壁，由于距离变大，这次皮球弹回得要比上次晚一些。若知道皮球弹回的时间，就能计算墙壁与抛球点之间的距离。

大家在学校的物理课或科学课上都曾经学过速度（Velocity）的定义，速度等于距离除以时间（Distance/Time）。由“速度 = 距离 / 时间（以小时为单位）”可知“距离 = 速度 × 时间（以小时为单位）”，只要将抛球速度与皮球弹回的时间代入公式，即可求得抛球点与墙壁间的距离。比如，抛球速度为 50 km/h，皮球返回时间为 1 s，则抛球点到墙壁间的距离为 50（km）/3600（s）= 13.9 m。距离墙壁较远时，皮球弹回的时间为 3 s，则抛球点与墙壁间的距离为 50（km）/1200（s）= 41.7 m。

只要知道返回时间就能判断当前位置与目标位置之间的距离。与这种方式类似，无人机发射激光并利用激光测量距离。发射激光后，通过测量激光返回的时间即可推算当前位置与目标物体的距离。

选用激光计算与目标物体间的距离是因为激光的频率相当快，且具有相当高的能量。这股强能量的作用下，激光可以抵达很远的地方并折返，通过能量可以获取除距离外的更多信息。

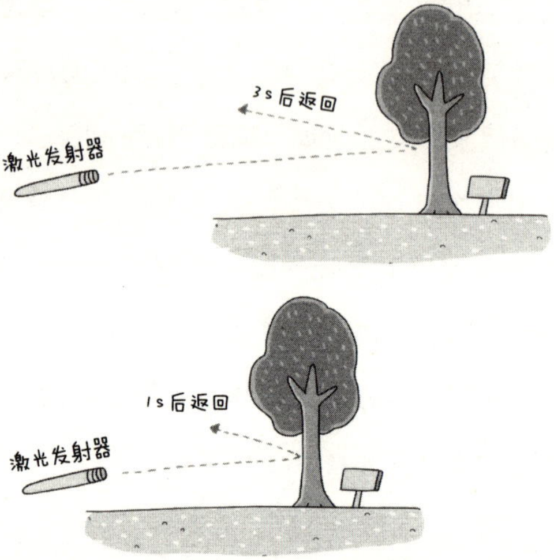

▲激光发射器发射激光时，遇到的物体远，则激光返回得慢；遇到的物体近，则激光返回得快。利用这一原理即可通过测量返回时间计算与目标物体之间的距离

虽然前面的虚拟场景中没有特意提到，但我们假设将皮球抛向墙壁时，墙壁是坚硬的。如果墙壁不是坚硬的，又会如何呢？

将网球抛向硬质墙壁时，根据抛球点与墙壁间的距离，虽然网球弹回的情形略有不同，但一般而言，若抛球的力量很大，则网球几乎以直线返回。如果墙壁由柔软的橡胶材质组成，将网球抛向墙壁时，网球弹回的力度就会变弱。由此可知，使用足够大的力量抛出网球后，根据网球弹回时的高度，可以判断墙壁的软硬程度。

利用该原理，使用激光不但能测出距离，还能探测目标物体的类型。因此，通过分析返回的激光即可判断目标物体是坦克、地面还是人。

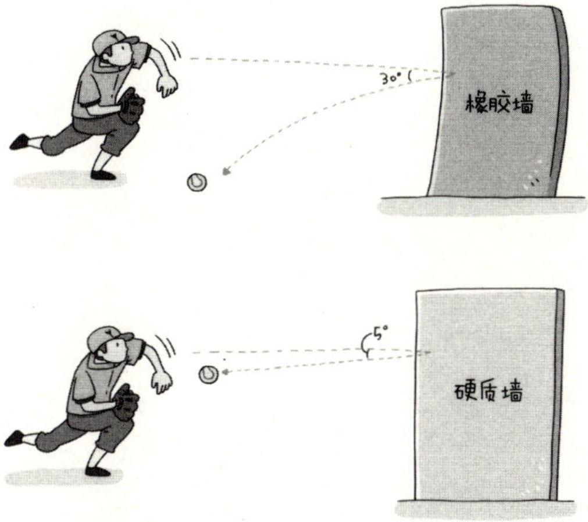

▲棒球选手柳贤振向硬质墙壁投球与向橡胶墙壁投球时，棒球弹回的角度不同。即不同材质的墙壁使棒球弹回的角度不同，借助该原理即可推测碰目标物体的性质

本节只讲解了部分无人机技术，其他内容都与软件相关，故本书不再讲解。最近，在技术领域中只使用硬件是有局限的，所以通常使用软件弥补硬件不足。因此，与以前相比，软件显得更加重要，世界各地的教育机构为软件培训专门开设了相应课程，其重要性可见一斑。

韩国一直致力于研究军用无人机制造技术，但到目前为止，技术方面还存在诸多不足。与其他国家相比，韩国制造的无人机性能较差，也经常发生事故。美国研究无人机之初也发生过多次事故，所以各位无需太担心。最后，希望韩国的无人机研究一切顺利，向世界展现自身的技术实力，为保家卫国献出一份力量。

参考文献

飞行器：http://en.wikipedia.org/wiki/Airplane

Terrafugia：http://www.terrafugia.com/about

无人航空器的意义：http://me2.do/GN2pgCR4

"捕食者"无人机：http://en.wikipedia.org/wiki/General_Atomics_MQ-1_Predator

Solara50：http://me2.do/FvXgaSZB

图片出处及版权

那么问题就来了……

Q. 很难想象“用无人机送快递”。什么时候能实现呢？面临的问题是什么？

A. 达美乐比萨已经发布了使用 DomiCopter 无人机送外卖的视频（http://www.youtube.com/watch?v=on4DRTUvst0）。视频中的 DomiCopter 无人机是拥有 8 个旋翼的直升机（Octocopter，八旋翼无人机）。飞行器拥有的旋翼越多，获得的升力越大，飞行也更稳定，所以 DomiCopter 才使用 8 个旋翼。目前尚未正式推出使用无人机送外卖的服务，仍然处于测试阶段。

同样，亚马逊也一直在准备推出无人机快递服务，而且已将相关测试视频（http://www.youtube.com/watch?v=98BIu9dpwHU）发布至 YouTube。与 DomiCopter 类似，亚马逊的无人机也采用 8 个旋翼。只要是符合无人机服务的商品，用户在结算页面就会看到“30 分钟内送达”选项。选择该项后，所购商品将由无人机进行派送。商品由无人机沿空中线路进行派送，所以在近距离内完全可以实现“30 分钟内送达”这一承诺。

然而，无人机派送服务目前仍处于测试阶段。为了使无人机派送服务正式投入使用，还有许多部分要补充完善。首先，除 RC 遥控飞机外，任何飞行器的飞行都要得到许可，但无人机飞行尚未得到许可。此外，更重要的是继续完善相关技术。

无人机不是人工操纵飞行，而要实现自主飞行，就有必要准确掌握位置信息。为此，只能使用 GPS 等系统。但如前所述，民用 GPS 的误差较大，很难用于掌握准确位置，即使通过 Wi-Fi 或通信基站也是如此。

此外还有安全问题。即使是军用无人机，飞行中也时常发生坠机事故。当然，民用无人机也同样会出现类似问题。为了应对该问题，必须充分备好安全设施。针对下雨、刮风等恶劣天气也要有相应对策。

Q. 听说谷歌 Solara50 与 Project Loon 遍布世界各个角落，这样不会与同在平流层的航空器发生碰撞事故吗?

A. 虽然 Solara50 与 Project Loon 也飞行在平流层中，但飞行器的飞行高度彼此不同。平流层区域广阔，涵盖 10 km~50 km 的整个空间。航空器飞行在 10 km 高空中，而 Solara50 与 Project Loon 飞行在 20 km 高空中。因此，人们现在正在准备让它们在不影响彼此的区域中运行。飞行时，二者之间不会发生冲突，但飞向高空的过程中，它们还有可能发生碰撞，对吧?

就像开车时要走指定车道一样，航空器也依照指定航路飞行。Solara50 与 Project Loon 准备飞行时会掌握这些航路信息，从而避免与其他航空器发生碰撞。

Q. 前面讲过，无人机的软件技术比硬件技术更重要，那么需要学习哪方面的软件知识呢?

A. 无人机需要使用飞行技术、观察技术、通信技术等，其中只有通信技术需要更多硬件支撑，而飞行技术和观察技术则需要更多软件支持，较具代表性的是利用传感器数据控制飞行姿态的技术和摄像机数据处理技术。

飞行姿态控制技术大多采用 PID 控制方式。PID 控制一直监视当前状态，同时预测下一行为并采取相应操作。也就是说，通过传感器收集无人机当前飞行方向与姿态等数据，控制时，借助软件预测并输入要改变的位置。软件出错时，对飞行中需要的姿态改变的预测就会出错，最终导致无人机坠落。

此处说“软件比硬件重要”是指，即使无人机中使用的电机的力量各不相同，或者即使某个部分出现问题，如果软件设计得好，就能克服这些问题，保证飞行正常。比如，八旋翼无人机中的 1 个旋翼发生故障后，适当操控其他 7

个旋翼也能够实现紧急着陆，或者对故障进行修复。

软件对于借助摄像机的观察技术也是非常重要的，这一过程类似于人类通过眼睛判断事物。摄像机只是一个硬件，它将可见光转换为相应数据，软件对这些数据进行分析，从而做出判断或进行追踪。为此，还需要使用信号处理技术。

信号处理技术用于对摄像机影像等影像信号或声音信号进行分析，从信号中查找所需信息。比如，最近有些智能手机具备人脸识别功能，拍摄一张人像照后，人物面部就会绘出四边形，用以识别该人身份。还有一些高级耳机具有过滤外部杂音的功能，使听者能更好地享受音乐。以上这些操作均采用信号处理技术。

对某个特定硬件而言，其软件是可以不断改善的。因此，不能说目前开发使用的技术就是全部，我们还需要持续不断地进行研发。当然，请不要忘记，只有软件设计良好，硬件才能更好地完成指定任务。

第 7 章

无线通信的未来

- 01　挣脱线缆的束缚
- 02　手中的无线通信
- 03　无线不只用于通信

①1 挣脱线缆的束缚

无线通信工作原理

各位想过我们身边存在多少电磁波吗？由于有很多无线设备，所以空中存在着许多电磁波，有人还据此提出过电磁波污染的问题。生活中常见的无线设备有手机、新式遥控器（利用无线通信）、无线键盘/鼠标、Wi-Fi、对讲机、蓝牙耳机等。

电磁波是看不见、摸不着的，但我们可以利用电磁波与对方通信或者远距离操控某个设备。只要想一想常见的手机，就会感到非常神奇。手机如何通过话筒与扬声器将话者的声音传递给对方，又如何将对方的声音传递过来呢？为了弄清这一问题，需要先了解什么是电磁波。

电磁波是电场与磁场相互作用而在空间中衍生发射的震荡粒子波，一般也简称为电波。电场是电流动而产生的现象，磁场是磁体周围产生的现象。大家可能都有过这样的经验，磁体磁力越强时，它吸引金属等物体的力量就越大，磁体周围产生的这股力量就是磁场。同样，电流周围也会形成一股力量，这就是电场。与磁场一样，流动的电流越强，电场就越强。因此，利用电场与磁场的无线通信中，通信的对方越远，就越需要强大的电场与磁场。

由于电磁波看不见、摸不着，要想详细说明，需要使用大量理论与公式。因此，学习电磁波会有些难，也会令人厌倦。阅读本书时，只要将电磁波理解为“一种光”即可。本章将讲解无线通信相关内容，无线通信利用的是电子流动产生的电磁波，请各位牢记这一点。

手机是无线通信设备中最具代表性的产品。这类无线电话出现前，要想与某人通话，只能使用公用电话或家中安装的电话。

▲我们小时候都玩过纸杯电话，它必须由线连接

就像使用纸杯制作的电话与邻居聊天一样，有线通信中，与对方通话前必须先通过线缆与对方连接在一起。对于纸杯电话，使用一根线连接时，可以进行一对一通话；连接多个分叉线时，可以进行一对多通话。但同时与多人通话时，可能出现串线现象。如果不遵守既定

顺序，相互间的通话就会变得非常困难。并且，纸杯连线越长越难听清声音，因为声音是靠连线传播的，连线越长声音就越弱。

同样，使用有线电话与对方通话前也要先通过线路与对方连接。就像多人同时使用纸杯电话就会使通话变得困难一样，若将所有家庭相互连接，通话也会变得很困难，所以一般要经由类似 KT（韩国最大的通信公司）的电话局进行转接。并且，如果只通过线缆直接连接通话双方，那么通话的另一方位于很远的地方而使连接线路很长时，声音就会变得很小。因此，KT 这样的电话局会用电话线将自己和家庭用户连接起来，然后将通话声音放大，再从电话局连接到通话的对方，从而使通话双方可以正常通话。也就是说，电话局在通话双方之间担当媒介的角色。

但有线通信有一个不便之处，就是通话的场所都固定在一个地方，比如家里或者公共电话亭。随着技术的进步，市场上推出了新型电话，它不受通话地点限制，这种新型电话就是采用无线通信技术的家用无线电话机。在家里的任何地方都可以使用无线电话与他人进行通话，甚至在家庭周围也可以。随着无线电话技术的不断发展，手机最终登场，无线通信时代真正到来。

近来，无线通信技术不仅应用于电话，也广泛应用于无线操控、收听音乐等多个领域。各位可能想知道无线通信如何建立这种看不见的连接，下面讲解无线通信的工作原理。

▲有线电话要连接到电话局，所以受到场所的限制。为了克服有线电话的这种不便，无线电话应运而生

假如有一个荷塘，向里面投一块石头会怎样呢？石头落水处会产生涟漪并向外围扩散。从水纹扩散到整个荷塘即可得知石头落入荷塘的什么位置。

接下来，将石头系在绳子上，一半浸入水中。此时，荷塘的另一边有人在计时，每隔 10 s 就数到达的水纹次数。握绳的一方也看着表数 10 s，10 s 内将石头在水里沉入 4 下时，荷塘另一边的人在 10 s 内将会看到有 4 次水波到达。

借助这种方式，通过计算一定时间内发送的水纹次数即可与对方交换信息。比如，可以将自己的电话号码传送给对方。若要将电话号码 010-1111-2222 传递给对方，需要先与对方约定。告诉对方开始看表，数一下 10 s 内有几次水纹到达，并将水纹次数记录下来。要传电话号码的一方只要每隔 10 s 制造水纹即可。下面以传送电话号码 010-1111-2222 为例。

▲一个人将石头系在绳上制造水纹，另一个人计算时间与水纹次数。通过一定时间内发送的水纹次数可以收发信息

发送 0 时，10 s 内不发送水纹，保持静止不动；发送 1 时，只产生 1 次水纹。这样一来，另一方只要每隔 10 s 记录到达的水纹次数就能得到发送方传送的电话号码。

在荷塘中通过水纹向对方发送信息时，接收方每隔 10 s 要计算到达的波纹数，无线通信也遵守着某个特定约定。可能大家都听说过蓝牙、Wi-Fi（802.11.a/b/n）、ZigBee 等无线通信技术，这些术语是通信中约定的名称。

信　道	频　率	目　的
0	2402 MHz	设备查找频道（Advertising）
1	2404 MHz	数据通信频道
2	2406 MHz	数据通信频道
…		数据通信频道
11	2424 MHz	数据通信频道
12	2426 MHz	设备查找频道（Advertising）
13	2428 MHz	数据通信频道
…		数据通信频道
38	2478 MHz	数据通信频道
39	2480 MHz	设备查找频道（Advertising）

比如最新的蓝牙技术“蓝牙 LE（Low Energy）”，在 www.bluetooth.org 网站中可以查看相关约定。根据规范，“蓝牙 LE 也称为‘智能蓝牙’，采用 GFSK 方式解析信号（调制与解调）”。

其使用的频率范围为 2.400 GHz~2.4835 GHz[①]，拥有 40 个信道[②]，每个信道的用途如前面表格所示。表格中出现了频率、信道这样的术语，就目前而言，这些术语并不重要，各位先继续往下读吧！

如果有朋友想了解蓝牙协议相关内容，请参考 w.bluetooth.org 中的 Bluetooth v4.0 specification[③] 文档，相信这些文档会非常有用。

与在荷塘中通过水波向对方传递信息一样，无线通信采用电磁波通信。电磁波源自设备内部，通过天线在空中传播。由于电磁波看不

① 维基百科：http://en.wikipedia.org/wiki/Bluetooth_low_energy

② 表示将频率区间划分为 40 区段使用。

③ https://www.bluetooth.org/en-us/specification/adopted-specifications

见、摸不着，首次发现时曾经引起一场有无电磁波的争论。

▲电磁波通过天线在空中扩散并以此收发信息

电磁波看不见、摸不着，所以必须借助实验证明其存在。证实电磁波存在的实验中，由于电磁波在空中传播，一方发送电磁波后另一方就能接收。随着距离的增加，电磁波也会越来越弱。

电磁波强弱受传播距离影响，若发送方发送的电磁波很微弱，接收方将无法确定是否收到电磁波，这样通信双方就无法正常收发信息。这充分表明，无线通信会受到传输距离的限制。

随着传输距离的增加，无线信号会变得很弱。为了解决这一问题，发送方必须发送很强的信号。发送强信号则意味着发送很强的电磁波，相应的电力消耗也会增多。强电磁波可能引发其他设备故障，也有可能引起人们头痛。因此，各国政府都制定了相应法规，确定了无线信号强度，人们必须在规定的标准下使用。

因此，使用无线通信设备要经过法律许可，必须在规定的电磁波强度范围内操作。正因如此，虽然身边有大量设备使用无线通信，但我们依然能够在电磁波包围中健康地生活。

⑫ 手中的无线通信

无线通信的核心是电磁波

电磁波是电流通过导体时在其周围产生的一种波，也经常称为电波。电磁波是看不见、摸不着的，必须通过实验才能证明其存在。德国物理学家海因里希·赫兹通过实验证实了电磁波的存在。各位都听说过“赫兹”这个单位吧？我们经常说“频率是○○赫兹（Hz）”，这一单位就取自物理学家海因里希·赫兹的名字。

“赫兹”表示每秒的振动次数。即 1 s 内移动后又返回原位置的次数。1 Hz 代表 1 s 移动 1 次，而 60 Hz 则表示 1 s 内移动 60 次。

最近，无线通信中常用的频率为 2.4 GHz（$1\ \text{GHz}=10^9\ \text{Hz}$），也常使用大于 2.4 GHz 的频率。这些频率都远远大于 1 Hz 或 60 Hz。为什么只能使用这么快的频率呢？其中缘由与法律问题有关。

无论身在哪个国家，若想使用特定频率进行无线通信，都需要先得到该国许可。因为电磁波是看不见、摸不着的，如果任何人都可以随便使用，那么各种产品之间就会相互干扰。

比如，如果在上课时间开放学校操场，就会有外人来操场玩耍，这样一来，要上体育课的学生就无法在操场正常上课了。因此，学校规定上课时间不对外开放操场。

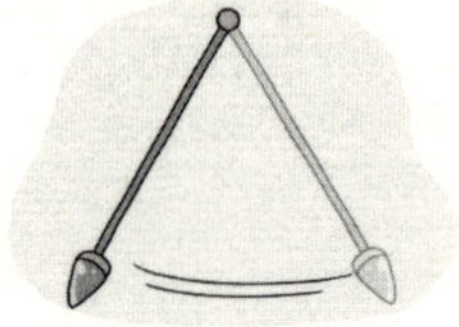

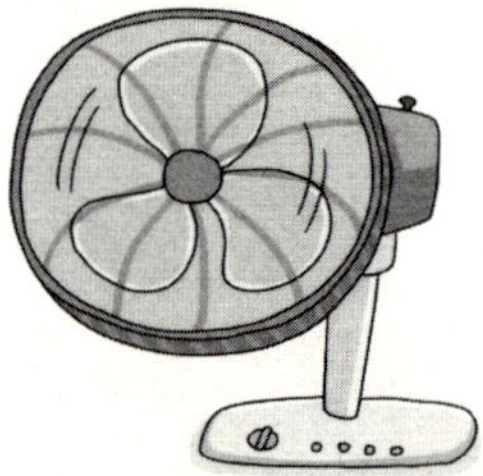

▲1 s 1 次为 1 Hz，电风扇 1 s 转 60 次，即 60 Hz。赫兹是 1 s 内移动后又返回原位置的次数

同样，波段也由国家管理，任何人都不能随便使用无线通信，必须通过规定的测试项目才能获得使用许可。因此，所有无线通信产品上都贴有所在国家的入网许可证，在韩国有 KC 认证。

诸多频段中，有些会用作商业用途。比如国家会将特定频段销售给通信公司等，这样相应频段就会被购买它的企业垄断。频段通常都是通过竞标方式出售的，根据韩国未来创造科学部提供的资料，LTE-A 频段竞标中，KT、SKT、LG 分别出价 7.861 亿美元、1.31 亿美元、4.1816 亿美元。

各个国家会根据用途分配电磁波频段。如前所述，每个国家规定的电磁波强度等标准都不相同。因此，即使是同一款无线产品，可能在有些国家可以正常使用，而在另一些国家则无法使用。但令人欣慰的是，并非所有电波频段在每个国家都不同。有些用于特定目的的电波频段是固定的，可以在全世界通用。比如，有专门用于工业、科学技术、医疗的频段，称为 ISM（industrial, scientific and medical）[①]。

▲韩国的频段拍卖由广播通信委员会负责。虽然各国使用的频段不同，但有些是全世界通用的，比如 ISM

对于 ISM 频段，不同国家使用不同频率，但也有些是固定的，可以在全世界通用，其中一个众所周知的频段是 2.4 GHz。因此，生产无线产品的公司大多选择采用 2.4 GHz 频率，这样产品即可在世界范围内使用。

大家现在已经知道无线通信要借助电磁波进行，也了解了“频率”的概念，但目前还没有遇到学校中学习的内容或报纸、杂志中见过的艰涩术语。书中常用的复杂术语暂且不提，下面介绍通信公司广告中

---

① ISM 频段并非只有一个频率，所以有些国家只允许使用部分 ISM 频段。

常常提及的宽带、信道等术语。

顾名思义，宽带就是指传输带宽很宽的网络。此处所说的“带宽”是指通信时所用的频率间隔。比如使用 1 GHz 与 1.2 GHz 两个频率通信，表示使用 0.2 GHz（1 GHz 与 1.2 GHz 的差值），即 200 MHz（10^6）的带宽进行通信。

那么，带宽与通信是什么关系呢？从结论看，带宽越宽，通信速度越快，其中的缘由可以用前面举的荷塘通信的例子进行说明。

荷塘通信系统中，我站在荷塘的一侧，我的朋友站在荷塘的另一侧。我要求朋友记下 10 s 内我发送了多少次水纹。我制造水纹时使用的频率为 10 Hz，即 1 s 产生 10 次波纹，那么 10 s 内，朋友总共会接收到 100 次波纹。然后，我使用 100 Hz 频率制造波纹，那么朋友 10 s 内将会收到 1000 次波纹。由于形成 1 次波纹就是进行 1 次通信，10 s 内发送 100 次波纹就是通信 100 次，发送 1000 次波纹就可以进行 1000 次通信。这部分内容相当重要，下面再以绳索为例进行进一步说明。

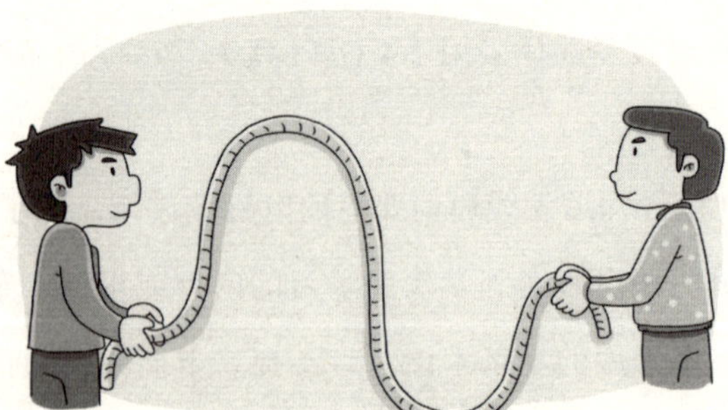

▲借助绳子振动次数传递信息

首先让朋友抓住绳子的一端，我抓住绳子的另一端，朋友每隔 1 s 就记录 1 次绳子的振动次数。若 1 s 内绳子振动了 1 次以上，则记为 1，除此之外记为 0。信息解读表格如下所示。

字母	C	D	E	M	N	…	O	P	Q
编码	01101	01011	00110	00010	00011		00111	10111	10001

比如，我要向朋友发送信息 Come，则只需发送 01101 00111 00010 00110 即可。朋友接收到这一串由 0 和 1 组成的数字后，根据给出的编码表，即可将接收到的信息解读为 C（01101）、O（00111）、M（00010）、E（00110）。

向朋友成功发送信息，并且朋友也将接收到的信息成功解读后，表明无线通信获得成功。此处需要认真思考通信时耗费的时间。

为了将 4 个字母传递给朋友，总共需要的时间为 1 s × 5（每个字母的编码个数）× 4（4 个字母），即 20 s。这是通过每秒钟内只振动 1 次以上表示 1 或 0 所耗费的时间。若不是 1 s 而是 0.1 s 内振动 1 次以上，那么通信速度会大大加快。0.1 s × 5 × 4，即 2 s 内，就能将 4 个字母（COME）全部发送给朋友。

像这样，每隔 0.1 s 进行 1 次通信，那么 1 s 必须振动 10 次，也就是说振动的频率为 10 Hz。如果使用的频率为 100 Hz，那么只需要 0.2 s 即可发送全部 4 个字母（COME）。

假如与朋友约定使用 100 Hz 的频率进行通信，但我实际使用 1 Hz 的频率振动绳子，结果会怎样呢？朋友会每隔 0.01 s 查看是否有 1 次以上的振动，我使用 1 Hz 的频率振动绳子时，0.01 s 内绳子不会有 1 次以上的振动，所以朋友每隔 0.01 s 记录的数字都是 0。也就是说，朋友无法正确接收我发出的信息。为了解决这一问题，必须出台规定使大家都遵守，这就是通信协议。

▲只有以适当的速度振动绳子，对方才能正确计数。若振动得太快，对方将无法及时计数。同样，若不使用规定的频率，通信将无法进行

目前为止，我与朋友通信使用过的频率有 1 Hz、10 Hz、100 Hz。发送相同信息时，使用 100 Hz 的频率要比 1 Hz 的频率花费的时间更少。此处的 1 Hz、10 Hz、100 Hz 就是带宽。

我们可以将带宽想象为通信时的数据传输速度。带宽越宽，通信速度越快。通信公司在广告宣传中常说“宽带速度更快”，LTE-A 是之前带宽的 2 倍。

中心频率

还有一个重要内容与无线通信相关。无线通信产品中，常常有类似于 1 GHz、2.4 GHz 这样相当快的频率，它们指的是中心频率，与带宽含义不同。

通信速度受到带宽的制约，而无线传播时要使用中心频率。简言之，中心频率指用于承载通信所用带宽的频率。

也就是说，使用 0.1 GHz 带宽通信时，需要将其与中心频率相加，即使用 2.4 GHz+0.1 GHz =2.5 GHz 的频率。发送方发送信息时会将 0.1 GHz 的带宽加到 2.4 GHz 的中心频率中，接收方接收 2.4 GHz+0.1 GHz 后，从中减去 2.4 GHz 的中心频率，只使用 0 GHz~0.1 GHz 解析信息。

比如，发送方（发信）使用 2.4 GHz 的高速公路（限速 0.1 GHz）发送车辆，接收方（收信）只接收从 2.4 GHz 高速公路开出的车辆。高速公路有 2.4 GHz、1 GHz、400 MHz 等，它们彼此不同，车辆不会混在一起。

此外，由于该高速公路是单行线，所以对面有车行驶过来时，会引发交通事故，这样就无法正常通信。因此，利用该高速公路通信时，要逐次收发汽车，或者使用不同频率。

那么，为什么要使用中心频率呢？简言之，就是为了保证多台无线设备在通信时不相互干扰。就像将高速公路单独分开，避免发生交通问题。

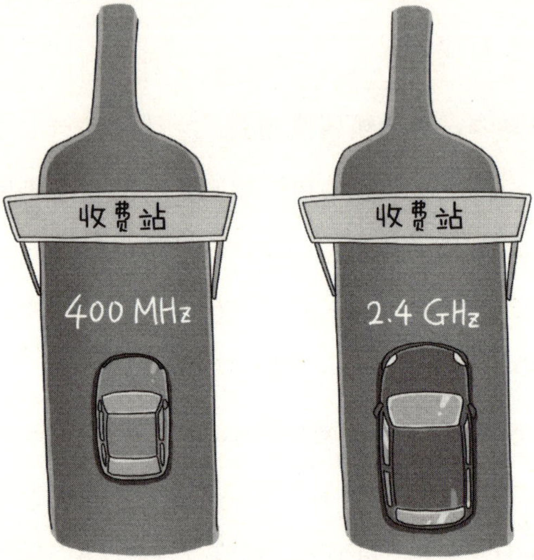

▲中心频率类似于使用不同的高速公路，相互之间不影响

若世上只有一台使用 0.1 GHz 带宽的无线设备，则只用 0 GHz~0.1 GHz 的频率即可。但若所有无线设备都想只用 0.1 GHz，它们之间就会产生干扰，这样就只能制造几台无线设备了。因此，需要使用中心频率以使目的不同的无线设备能够正常工作，彼此不产生影响。

这样彼此使用不同的中心频率会带来另一个特点。根据前文所述，中心频率用于承载带宽，那么所有与带宽一样的频率都可以在中心频率中使用。比如，在 2.4 GHz 的中心频率中使用 0.1 GHz 带宽，就像从 2.4 GHz 用到 2.5 GHz 一样。

仔细想想可以发现，使用中心频率通信时，所用频率不会超过中心频率太多。因此，电磁波的原有特征被原原本本地保留下来。以这种特征为前提时，电磁波遇到物体后，不同频率会表现不同现象。

电磁波频率越高，其沿直线传播的特性越强。也就是说，电磁波向前行进的力量越强，遇到障碍物时返回的力量越大。相反，频率较低时，遇到障碍物后，电磁波会发生弯曲，绕过障碍物。

这种现象在日常生活中也常见。FM 广播使用的频率为 100 MHz 左右，家庭无线电话——虽然现在已经不常见——使用的频率为 900 MHz。住在首尔地区的读者应该体会过，这一区域的任何地方都能清楚地听到 FM 广播，几乎不会受到高山或大楼的阻隔。

然而使用家庭无线电话时，在客厅里可以听得很清楚，但周围有水泥墙阻隔时就不行了。当然，发送 FM 广播时使用了很强的无线电波，但根本原因在于它使用的频率较低，电磁波传播时很容易发生弯曲，所以能够较好地绕过障碍物，使人们在各地都能清楚听到。

我们之前讲解了无线通信的原理及其特征。无线通信常用于与人进行数据交换，此外还应用于其他场合，具体内容将在下一节讲解。

⓪③ 无线不只用于通信

通信多样化

推动无线产品不断向前发展的最大动力是通信，因此，大部分人都认为无线技术只应用于通信领域。其实不然，无线技术的应用领域相当广泛。

大型超市常常会跟踪顾客的购物路线，研究如何摆放商品能增加销售额。为此，商家会通过摄像头分析人们更喜欢哪种商品，也会通过购物车的轨迹掌握顾客的购物路线。

在人们经常经过的地方放置热销商品会进一步增加销售量，在超市入口处摆放水果会让人感觉这里有很多新鲜物品。人们不知不觉地跟着超市的指引行动，完全不会觉察超市的意图。

超市在这些方面所做的努力不只为增加商品销售额，也用于研究消费者最舒适的购物路线，以便更好地设计超市布局并摆放商品，这样就能刺激消费者进行更舒适的购物。

调查顾客购物路线时，不必非得使用摄像头或使用人力进行统计，使用无线设备可以轻松解决这一问题。无线通信使用电磁波交换信息，随着距离的增加，电磁波会越来越弱。借助这一特征可以预测电磁波

▲为了提升消费者的购物体验，大型超市都会研究消费者的购物路线，研究中会用到无线技术

从多远的地方传来，如果有 3 个以上的地方接收到电磁波，就可以掌握发送源的位置。稍后讲解详细内容。

无线通信应用领域

使用无线通信的设备多种多样，涉及多个领域。安保领域中，有一种用于识别位置的电子名牌，将其分发给访客后，可以随时查看访客位置。访客接近禁入区域时，保卫人员即可发觉，从而有效阻止访客进入。此外，学校内经常发生校园暴力等犯罪行为，这些行为常常发生在隐秘角落。这些角落有学生出入时，校方就会监控到，进而采取相应措施，避免发生暴力事件。另一个例子是，如果患者在医院中走动时突然晕倒，无线设备就会自动将患者的位置信息发送给医生或者护士。这种可以在多种场合识别位置信息的功能是如何实现的呢？

简言之，随着距离的增加，电磁波会越来越弱，这一原理可以用于测量距离。进行无线通信时，如果有 3 台以上接收设备可以分别测量距离，那么也能借此计算发送源位置。

比如，与一台接收设备（1 号）通信时，若能够知道电磁波的强度，则可以预测与其的距离，但不知道它具体在哪个方向。那么，如果与两台接收设备（1 号、2 号）通信，结果又会怎样呢？虽然更接近了，但仍然无法知道准确位置。然而，通过 3 台接收设备计算距离并求其交点时，由于交点只有 1 个，所以最终能够获得准确的位置信息。

比如有客人到访公司，在其进入公司时配发访客牌，该访客牌每隔 1 s 会通过无线通信向监视设备发送“我是访客”的信息。也就是说，虽然不知道具体是谁佩戴了该访客牌，但监控设备通过该访客牌可以随时跟踪佩戴者所在位置。此外，建筑物内所有天花板上都安装了接收设备，这些设备可以接收访客牌发出的信号。

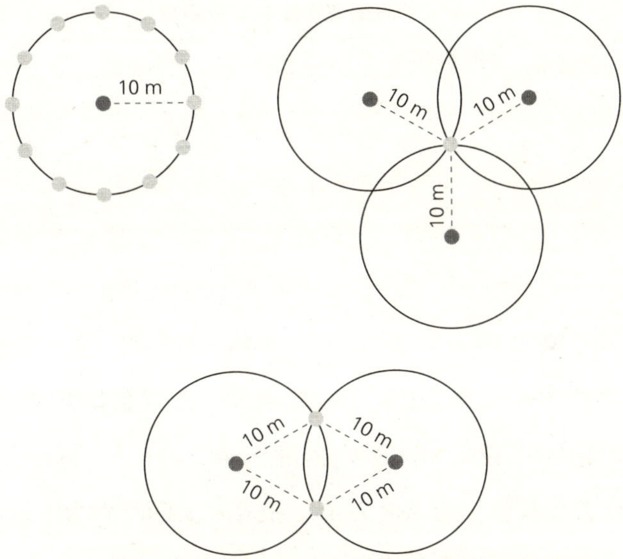

▲根据电磁波接收设备的个数可以准确掌握位置信息

对于访客牌在特定时间内发送的“我是访客”这个信息，其周围的多个接收设备都会同时接收到。虽然这些接收设备从访客牌接收到的信息都是一样的，但有一点不同，即它们接收到的电磁波的强度是不一样的。各接收设备接收到的电磁波强度如下表所示。

表 1　接收的电磁波强度

接收设备	电磁波强度
1 号接收设备	30
2 号接收设备	10
3 号接收设备	40

下表表示电磁波强度与距离之间的换算关系。

表 2　电磁波强度与距离换算

电磁波强度	距离
10	20 m
20	15 m
30	10 m
40	5 m

从上面两个表格可以看到，1 号接收设备接收信号的强度为 30，换算成实际距离为 10 m。也就是说，虽然 1 号接收设备不知道信号发送方（访客牌）的准确位置，但它知道发送方就在其周围 10 m 范围内。同样，2 号接收设备接收信号的强度为 10，换算成实际距离为 20 m；3 号接收设备接收信号的强度为 40，换算成实际距离为 5 m。信号发送方（访客牌）就在这 3 台接收设备确定的位置上。

虽然无法从接收设备接收的电磁波强度判断访客牌方位，但可以借此判断访客牌所在的区域。利用 3 台接收设备得到的距离信息，可以获取访客牌所在的准确位置。确定位置的具体方法是：先以 3 台接收设备为中心，再分别以它们与访客牌的距离为半径画圆，这样最终得到 3 个圆，它们只有 1 个交点，该交点即是访客牌所在位置。

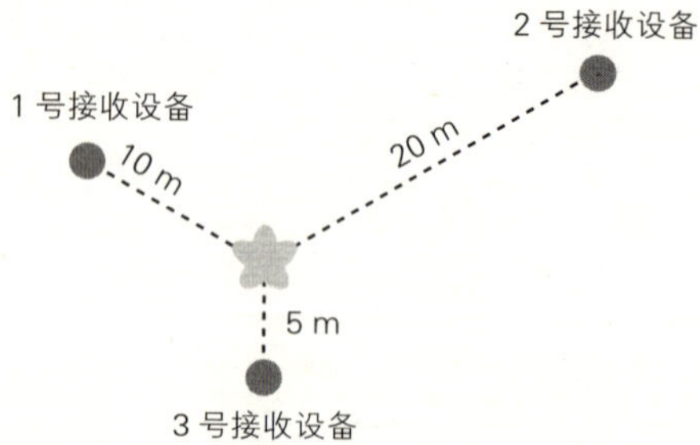

▲1 号、2 号、3 号接收设备可以根据接收到的信号强度分别判断自己与访客牌之间的距离

电力输送领域也广泛应用无线技术，之所以说“广泛应用”是因为可能大家每个人手中都有一张公共交通卡，而这个应用就和交通卡有关。不知道各位有没有仔细观察过，公共交通卡的形态多种多样，有的是卡片，有的则是可爱的饰品。

这些公共交通卡内部都有一个小小的芯片。详细内容不再赘述，只简单讲解。芯片正常工作需要带有正负极的电源提供电力，比如电池，芯片使用从电源中流出的电子进行工作。手机内部含有多种芯片，它们借助手机电池提供的电力工作。

仔细观察公共交通卡可以发现，它并没有带电池。大家可能会想，难道交通卡中没有电池吗？遗憾的是，目前从技术层面讲，我们仍然无法制造出像卡片一样纤薄的电池。有些具有饰品外形的交通卡也不带有电池。芯片要工作就必须有电池提供电力，那么这些不带电源的交通卡中的芯片是如何工作的呢？

▲芯片工作必须有电池提供电力

如果交通卡拥有连接电池的结构，那么其中一定会有电池连接装置，就像遥控器或玩具中放置电池的部件。事实上，交通卡中并没有类似的电池连接部件，但其内部芯片仍然能够正常工作，这表明一定有电源为芯片提供电力。

前面讲过，无线通信通过传递电磁波交换信息。也就是说，从荷塘的一个地方发送水波，在荷塘的另一侧通过到来的水波获取信息。下面在荷塘做另一个实验。

▲若将一台水力发电机放入荷塘，荷塘水形成的波浪会推动发电机发电。也就是说，只要使发电机在荷塘水波浪的推动下运转，就能源源不断地产生电力

从荷塘的一边制造水纹，水纹就会传播到荷塘的另一边。此时将一片树叶放入荷塘，每当有水波抵达时，树叶就随水纹上下漂动。水纹波动得越厉害，树叶上下漂动的幅度越大。

简易发电机有一个旋转把手，不断转动就能从发电机中不断产出电力。如果在发电机的旋转把手上安装一个类似于鱼鳔的漂浮装置，然后放入水中，结果如何呢？随着漂浮装置上下浮动，发电机的旋转把手就会转动起来，从而驱动发电机产生电力。然后将发电机产生的电力连接到芯片，芯片即可正常工作。但如果推动发电机旋转的水纹波动很弱，产生的电力就很少，那么要想保证产生足够的电力，就必须有较强的水纹出现。

公共交通卡的工作原理类似于上面这个例子。虽然交通卡内部不含有电源，但其装有可以接收电磁波的天线。通过天线接收的电磁波可以转化为电力，帮助芯片正常工作。

公交车上有用于刷卡的终端机。相信各位都有过这样的经历，刷卡时，如果交通卡离终端机太远，终端机将无法识别交通卡。因为传递给交通卡的电磁波太弱了，就像荷塘中的水波太弱一样。因此，刷卡时我们都会将卡紧紧地贴到终端机上。

终端机有时并不能很好地识别部分交通卡，因为这些卡中连接芯片的天线不好。这就像漂浮在荷塘中的把手太短，如果波浪不大，则无法产生足够的电力，也就无法驱动芯片工作。因此，天线的质量决定了交通卡是否容易识别。

除交通卡外，无线电力传输技术还应用于多个领域的多种产品，比如最近很热门的手机无线充电技术。手机电池盒或内部装有类似交通卡天线的部件，采用与交通卡工作原理类似的方式为电池充电。此外还有无线充电公交车[①]、电动牙刷、电咖啡壶等。

无线充电产品没有凌乱的电源线，并且可以同时为多台设备充电。但其不足之处在于电力转化效率不高，接收方无法全部接收发送方发送的电力，这会大大降低充电速度。市场上销售的普通无线充电器大部分充电速度都比较慢，充满电池需要较长时间。

与其他技术相比，无线通信技术实施难度较大，原因在于无线通信使用的是看不见、摸不着的电磁波。因此，测量与设计无线通信时会用到很多设备，也要有与之配套的软件技术。

如果大家对无线技术很感兴趣，想从事无线技术设计相关工作，就需要学习大量相关知识。本书讲解的无线通信内容都是最基本的原理，此外还要学习天线技术、PCB 电路板设计等其他相关技术，请感兴趣的朋友自己学习。

如前所言，学习无线技术时要学的内容非常多，需要借助专业设备，所以并不容易掌握。对大家而言，这也意味着掌握无线技术将大

---

① http://me2.do/FVgli12l

大提高竞争力。而且，根据应用方式的不同，使用无线技术可能创造多种服务。因此，建议各位要抢先一步，认真学好无线通信技术，相信会大有裨益。

参考文献

Bluetooth LTE：http://en.wikipedia.org/wiki/Bluetooth_low_energy

频段拍卖：http://www.zdnet.co.kr/news/news_view.asp?artice_id=20130830212639（ZDNet报道）

ISM 频段：http://en.wikipedia.org/wiki/ISM_band

位置识别：http://me2.do/54gn3OQI（美国专利）

公共交通卡原理：http://cs.sch.ac.kr/lecture/CompApp/RFID/p13524.pdf（韩国科学创新财团）

那么问题就来了……

Q. 您讲解无线通信时使用了非常形象的比喻。我看大学专业书籍时，每页都是数学公式。为什么需要使用数学公式呢？

A. 数学是理工科不可或缺的科目之一。当然，只看数学公式会觉得很难、很枯燥，但了解了使用数学的原因后，各位就会觉得学习数学是非常有必要的。

数学是一种解释自然现象的语言。比如，大家在学校里都学过“速度等于距离除以时间”吧？用数学公式表示为：v（velocity，速度）=d（distance，距离）/t（time，时间）。其含义可以使用文字表述如下：

速度是描述物体运动快慢的物理量。为了测量速度值，需要选定一个标准。比较自行车与人行走的速度时，可以选择以 1 h 为基准。因此，计算 1 h 内走了多长距离，得出的数值就是速度。

上面这些较长的文字叙述可以使用一个简单的公式表示，即 $v=d/t$，v 代表速度，d 代表距离，t 代表时间。明白公式中这些物理量的含义，就能很轻松地掌握公式代表的意义，即速度等于距离除以时间。数学的另一个优点是，通过一个公式可以推导得出其他结论，进而对相应现象做出解释。比如，由 $v=d/t$ 可推导 $d=v\times t$，从而可以得出“距离等于速度乘以时间”。

各位之所以感到大学专业教材中的公式很难，原因就在于不知道公式中的符号代表的含义。比如，λ（lambda，波长）=v（velocity，速度）/f（frequency，频率）是无线通信中计算波长的基本公式。如果不知道公式中波长、速度、频率代表的含义，就不知道为什么要使用它们，也不知道应该如何求出相应的物理量。

设计无线通信中使用的天线时，需要依据电磁波的长度，即波长进行设计。因此，必须使用 $\lambda=v/f$ 这一公式计算波长。为此，必须同时知道速度与频率这两个物理量。此处的“速度”指电磁波的速度，与光速相同，所以公式 $\lambda = v/f$ 可以转换为 λ（波长）$=c$（光速）$/f$（频率）。众所周知，光速为 3×10^8 m，若所用的电磁波频率为 2.4 GHz，则波长 =300 000 000/2 400 000 000，即 0.125 m。各位看专业书籍时如果感到数学难，那是因为不明白书中所用符号代表的含义。就像学英语等外语一样，希望大家先掌握“单词”的意思。如果书中没有相关符号的说明，建议各位上网搜索或者翻看其他相关书籍。只要掌握这些符号的含义，就不会觉得书中的公式难了。

Q. 使无线通信成为可能的一项重大发现是电磁波。电磁波看不见、摸不着，如何证明其实际存在呢？

A.“电磁波存在”的理论是麦克斯韦最先提出的。因此，学习电磁学时必然会学到麦克斯韦方程组。后来，赫兹在实验中证明了电磁波是真实存在的。

证明电磁波存在的实验中，赫兹使用了电火花。无线通信中使用的电磁波是伴随电子运动产生的。电流从一端流向另一端时就会产生电火花，赫兹的电磁波实验利用了这一现象。电磁波实验中，一端使用能够产生电火花的装置（电火花发生器），另一端使用了一段弯成圆形的金属导线，导线两端点间留有小电火花缝隙。有电磁波到达时，缝隙中将产生电火花。

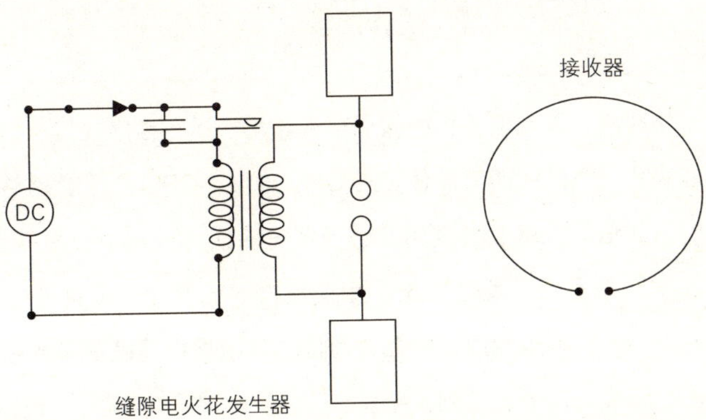

实验结果表明，电火花发生器产生电火花时，在没有任何导线相连的另一侧，即圆形导线的两端点之间同样也产生了电火花。通过这一实验可以证明，即使没有导线相连，电流也可以通过电磁波进行传输。根据麦克斯韦的理论，电流流动时产生的电火花被传递到另一侧的导线。

Q. 我们使用的智能手机中好像也有用于进行无线通信的芯片，请简单描述其形状及其工作原理。

A. 智能手机是最具代表性的无线通信产品，其中用于进行无线通信的有电话通话、Wi-Fi、蓝牙等。这些无线通信技术使用的频率与通信协议不同，但采用的硬件几乎都是一样的。智能手机结构示意图如下所示。

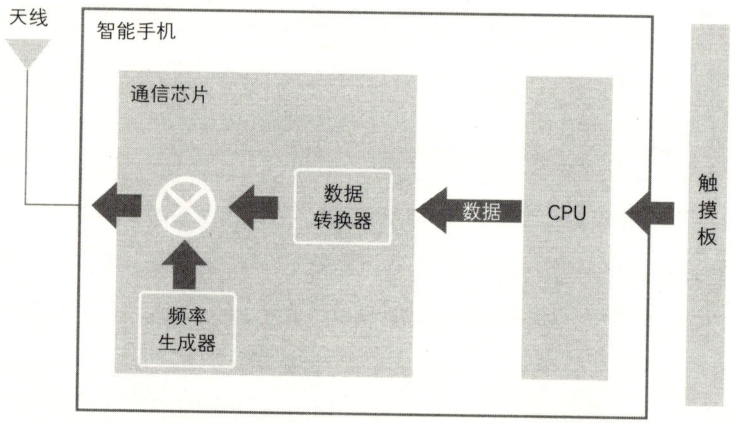

CPU（处理器）是智能手机的核心部件，用于运行程序或打电话、识别触摸等。通信芯片仅为无线通信部件，与 CPU 连接。CPU 产生数据并要发送给通信芯片时，通信芯片就会根据带宽进行数据转换，并与中心频率合在一起。如前所言，中心频率用于发送依据带宽变换得到的数据。电话通话、Wi-Fi、蓝牙使用的中心频率各不相同，因此，通信芯片根据用途确定带宽并选择中心频率后，通过天线将信号发送到空中。

后记

有些人认为人活着不需要学太多，够用就可以；而有些人则不断学习新知识，获取更多生活智慧。我想各位应该属于后者吧，因为大家都坚持读完了本书。首先向各位表示感谢，谢谢你们坚持读到本书最后一页，也为各位的这种学习态度而鼓掌。

本书是我的第二本著作，但我依然认为写作并非易事。写作中，我感觉最难的是把握内容讲解的深度。

我写的第一本书是技术类图书，面向的读者大部分都是拥有基础知识的工程师。然而从来信询问的读者看，有些人并不是工程师，他们阅读那本书是因为对相关内容感兴趣。因此，写作本书时，我将主要精力放在讲解方式上，即采用何种方式能够使各位更轻松理解内容。

我讲解相关内容时，并没有使用太多艰涩难懂的专业术语，通常使用大家常见的表达，并且辅以插图，灵活使用各种比喻等。虽然希望深入学习相关知识的读者朋友可能对此有些失望，但我写作本书的目的是使更多人能够以更容易理解的方式学习热门的 IT 科技知识，我的初衷始终不曾改变。

希望各位通过本书学到过去与现在的文化（包括科学技术等），从此拥有一双看透未来的慧眼。也希望本书能够激起各位对相关内容的兴趣，使大家饶有趣味地读完全书。如果可以实现这两个目标，那么我的写作目的也就达到了。其实，学习不感兴趣的知识是件非常痛苦的事。

本书讲解的虚拟货币、可穿戴设备、物联网等领域现在仍在不断发展，一觉醒来说不定又会有新的报道。相信各位以后会经常在网络上看到相关报道，读完本书后，大家阅读相关新闻时会有不同于以往的全新视角。

大家以前看到相关报道时，只知道“推出了○○○产品”或者“这款产品使用了某项技术”。从现在开始，各位看报道时会想得更加深入，比如“由于采用某项技术，所以会有这样那样的优点”“虽然采用新技术，但电池的续航能力令人担忧”等。也就是说，大家不仅对相关内容更加关注，而且思考的深度也会脱离新闻本身。这样就有可能将相关技术应用于其他领域，设计并制造新产品。

如果各位认为本书内容比较有趣而且有些内容非常有帮助，那么希望大家以后养成坚持看新闻的习惯，进一步深化学到的知识。这种习惯将成为各位人生路上的一笔财富，无论在工作上还是生活上，都将大大拓宽人生选择的范围。

我撰写后记时，又传出了谷歌将在首尔设立 CAMPUS SEOUL 的消息。这充分说明，谷歌认为韩国具备雄厚的技术储备，而且培养了大量优秀人才。同时证明，大家在技术上已先人一步，成为相关领域的领军人物。希望各位不断学习新技术，并将这些技术应用于各个领域，设计并制造新产品，最终获得成功。后记就写到这里吧！

借此机会，我向在本书出版过程中提供帮助的人士表示感谢。首先感谢林成春总编，他作为书评人与监制，为本书出版做了大量工作。也要感谢郑慧兰女士，她为本书绘制了漂亮的插图。还有朴珍熙、李浩勇，感谢他们精美的设计。还要感谢吉钟哥，他阅读全稿并提出了许多改进意见。也要感谢朋友们（重、贤、范秀、振英、世英、诚远、宇锡、致雨），谢谢你们不遗余力的支持与鼓励。

最后，我想向美静和智雅说声抱歉，写作过程中没能陪伴你们。也对你们表示感谢，谢谢你们的理解与支持。

李在永

2014 年 8 月

站在巨人的肩上

Standing on Shoulders of Giants

TURING

图灵教育

iTuring.cn